全国高等教育财经

Practice Training of Cost Accounting Case

成本会计案例实训

第2版

主　编◎郑伦卉　蒲　萍
副主编◎潘　纯　李祖琼
　　　　段禾青　郑金洲

经济管理出版社
ECONOMY & MANAGEMENT PUBLISHING HOUSE

图书在版编目（CIP）数据

成本会计案例实训/郑伦卉，蒲萍主编 . —2 版 . —北京：经济管理出版社，2014.2

ISBN 978-7-5096-2818-8

Ⅰ.①成… Ⅱ.①郑… ②蒲… Ⅲ.①成本会计 Ⅳ.①F234.2

中国版本图书馆 CIP 数据核字（2013）第 280945 号

组稿编辑：申桂萍

责任编辑：任爱清

责任印制：黄章平

责任校对：张 青

出版发行：经济管理出版社

（北京市海淀区北蜂窝 8 号中雅大厦 A 座 11 层 100038）

网 址：www. E-mp. com. cn

电 话：(010) 51915602

印 刷：三河市延风印装厂

经 销：新华书店

开 本：720mm×1000mm/16

印 张：10.5

字 数：145 千字

版 次：2014 年 2 月第 2 版 2014 年 2 月第 1 次印刷

书 号：ISBN 978-7-5096-2818-8

定 价：25.00 元

总　序

　　"经济越发展，会计越重要"，这是会计界的一句名言。会计的理论与实践活动随着经济的发展而不断发展，会计教材也要紧跟时代步伐，体现时代的进步与要求。知识经济时代的来临，会计环境和会计工作手段的不断变化，对会计专业应用型人才的培养提出了新的要求。

　　财政部 2008 年发布的《会计改革与发展纲要》（征求意见稿）指出："要注意引导会计教育，使会计教育与会计改革和发展形成良性互动，不断培育复合性、优秀的会计人才。"目前，会计教育的一个关键问题是会计教材建设，它直接关系到会计人才的培养质量和会计教育改革的方向，也必然影响会计教育改革的成败。

　　如何编写着眼素质教育、突出应用型特色、重视能力培养、紧跟改革步伐、体现时代特征和就业要求、深受师生欢迎的应用型会计专业精品教材呢？

　　我们认为，应摒弃过分重视理论知识传授而忽视能力培养的弊端，根据会计课程的教学特点，针对应用型会计专业的教学目标和要求，建立由教育行政管理部门、出版社、学校、会计学术团体、会计师事务所等共同参与的、高效的、系统的教材运作机制，全面规划、整合资源，精心制定和切实实施教材建设的"精品战略"，全方位运用现代信息化、网络化技术平台，以学生为本，贯彻互动性、启发性和创新性的教学原则，为教师和学生分别建立多媒体、多环节、多层次的"立体化"教材体系。这就是应用型会计专业教材建设应树立的指导思想。

　　从目前我们调查的情况来看，应用型会计专业教材存在的主要问题表现在以下几方面：

　　（1）缺少符合应用型特色的"对口教材"。作为应用型会计专业教材，应更多地体现其理论联系实际，注重对学生实际动手能力的培养，但现有的会计教材，大多侧重于学科知识的系统性，理论阐释较多。尽管有的会计教材也比较注重实践操作的讲解指导，但从总体上看，教材编写仍没有突破传统学科课程的羁绊，尚未形成具有鲜明的、符合应用型特色的课程内容结构体系。

（2）教材形式呆板。会计教材一般都存在着层次不明、风格陈旧、缺乏个性、内容交叉或重复、脱离实际、针对性不强等问题。教材形式呆板，没有做到图文并茂，形象生动，更没有将"书本教材"转化为"电子教材"，以电子课件的形式组织教学还没有真正走进课堂。

（3）教材开发单一，与专业教材配套的实践性教学资料严重不足。实践性教学是应用型会计专业教育与人才市场接轨的有效途径。应用型会计专业实践教学一般占总教学时数的25%以上，其教材建设在应用型会计专业教育中也应占有非常重要的地位。而现有会计教材往往着重于理论教材建设，虽有部分教材书后配有相应的习题集（事实上也是一种理论训练题），但缺乏实践训练的项目和指导书。至今为止，还没有一套符合应用型会计专业教育特色的"案例实训"系列教材。实践性教材的奇缺已成为制约应用型会计人才培养的"瓶颈"。

（4）教材内容的更新跟不上会计环境的变化。作为社会科学，会计学的发展及其内容的变革无不受到社会环境的巨大约束和影响。我国改革开放后的会计制度的复苏与发展，特别是1993年以来我国会计制度的国际化进程带来的会计教材内容的改革，充分说明了会计环境对会计教材内容的影响。但是，作为紧跟会计环境变化的应用型会计专业教材始终没有及时跟上。

（5）不能处理好传授知识与培养创新能力的关系。传道、授业、解惑是教育的基本职责。专业中亟待解决的问题应该在有关教材中体现，如果教材中仅仅是基本知识和技能的讲解，就不符合应用型会计专业的培养目标和要求。因此，应用型会计专业的教材，应该是传授知识与创新能力培养相结合，至少应涉及创新的思维方式方法的引导，让受教育者领会、掌握创新的基本技能，而采用什么方式、如何处理传授知识与创新能力培养的关系，是需要我们深入研究的问题。

我们认为：从长远看，加大开发应用型教材的力度，实施"精品战略"，形成理论与实践相结合、主辅教材配套的"立体化"的教材体系。

实施"精品战略"，首先要明确怎样才是"精品"。作为应用型会计专业的精品教材，同时应具有如下几个方面的特征。

（1）科学性特征。教材结构合理，内容取舍适当，概念表述准确，难易度恰当，举例清晰正确。注意相关课程的联系，科学地体现各科专业教材的内涵与外延，符合教学规律和学生的认识规律，满足应用型会计专业人才培养的需要。

（2）实用性特征。教材的实用性特征主要反映在两个方面：一方面是技术实用性，教材内容应贴近会计工作实际，理论的阐述、实验（实训）内容和范例、习题的选取都应紧密联系实际，有鲜明的实践性；另一方面是教学实用性，内容的阐述编排便于组织教学，利于培养学生分析问题和解决问题的能力。

（3）先进性特征。教材内容能及时跟踪会计法规和制度更替，既反映现代会计理论和信息技术的发展水平，又反映新的人才培养理念，并能灵活适应教学组织形式和教学技术手段的更新与发展。

（4）规范性特征。教材的版式设计艺术性强，印刷装订质量高，图形、符号、账表、专业术语、操作程序和方法等符合会计准则和会计职业道德规范。

（5）启发性特征。教材内容有利于引导学生树立正确的人生观、世界观和价值观，有利于培养学生科学的思维方式，启迪学生的创新思维，提高他们运用科学的立场、观点和方法观察、分析和解决实际会计问题的能力。

加强应用型会计专业教材的体系创新，是实施"精品战略"的核心。教材作为知识的载体和教学改革成果的表现物，从一个侧面折射出教育思想的变革。创新是教材特色的灵魂，是表现教材质量的要素之一。因此，只有以创新的思想、创新的模式才能更好地促进高职教材的建设与发展，才能将精品战略落到实处。全面落实教材建设的精品战略不仅要抓好核心教材的建设，同时还应重视相关配套教材的建设。这些配套教材包括实验（实训）教材、各类指导书、习题集、业务处理图册及与现代化教学手段相配套的各类新教材（如PPT 课件、CAI 课件、多媒体教材、网络教材）等。

在"精品战略"的指导下，建立"立体化"的教材，是应用型会计专业教材建设的方向。

所谓"立体化"教材，就是立足于现代教育理念和信息技术平台，以传统纸质教材为基础，结合多媒体、多环节、多层次的教学资源，建立包括多种教学服务内容、结构配套的教学出版物的集合。"立体化"教材由主教材、实训教材、教师参考书、学习指导和试题库等组成，包括纸质教材、PPT 课件、案例实训资料、案例实训课件、案例实训演示软件、电子教案、电子素材库、电子试题库、网络课程、网络测评系统等部分。其不同于传统教材之处，在于它综合运用多媒体并发挥优势，形成媒体间的互动，强调多种媒体的一体化教案设计，注重激发学生的学习兴趣，将烦琐的会计工作环节直观清晰地体现出来。

要建设完善的会计专业"立体化"教材，必须做好五个环节的工作：

(1) 教育行政管理部门牵头，进行总体规划，对出版社公开招标，并建立科学的应用型会计专业教材评价体系。

(2) 由中标的出版社牵头组织，相关院校积极配合，整合资源，立项开发，精心设计出整体教学解决方案（教学包），分步实施，集中优秀师资及各种教学素材，力求将专业内容采用最好的"立体化"的表达形式展现出来。

(3) 由出版社加强对教师的培训，介绍"立体化"教材的使用方法，真正发挥"立体化"教材的作用和优势。

(4) 由出版社办好互助的教学网站，使之成为作者、教师、学生和出版社交流信息和进行教学的互动平台，并为"立体化"教材的使用、修订、升级和改版广开言路，汇集真知灼见。

(5) 教育行政管理部门定期进行教材评审，优胜劣汰，不断完善教材体系和提高质量。

教材建设是一个系统工程，教育行政管理部门、学校、出版社、会计学术团体等都应该不断进行教材建设的研究，找准社会对会计人才的需求、应用型会计专业的培养目标和教材三者关系的平衡点。直言之，就是要弄清什么样的教材才能使应用型会计专业能够培养适应社会需要的人才。具体而言，如何设计教材体系，如何选取教材内容，如何理清教材之间、同一教材内部各章节之间的关系，如何把握专业理论的"度"的问题，如何使理论与实训内容有机衔接，如何选择最佳的文字、图形及多媒体等表现形式，如何把握教材的实用性和前瞻性等方面的问题，都是教材建设的重要课题，必须进一步加强研究，并积极地完善落实。

教材建设是一个动态的系统工程，没有最好，只有更好。

编委会

第二版前言

本书是"全国高等教育财经系列精品教材"之一，既可以作为高职高专会计专业实训教材，也可以作为会计在职人员指导教材，其第一版已于 2010 年 8 月由经济管理出版社出版。

本书第一版自发行以来，受到了广大读者的厚爱，同时也收到了很多宝贵的建议，这都成为我们修订本书的主要动力。本次修订正值《企业产品成本核算制度（征求意见稿）》征求和整理意见之时，尽管《企业产品成本核算制度》尚未出台，但其征求意见稿中的指导思想和原则意见已具有很强的指导性，因此，我们在修订本书时，在保持第一版基本框架的基础上尽量体现《企业产品成本核算制度（征求意见稿）》中的重要内容，同时也考虑了近年来其他有关会计法律、法规的修订情况，并结合了我国高职高专成本会计实践教学情况和读者反馈意见。

相比第一版，本书主要增加了第三部分——参考答案，对综合实训中每一模块的实训程序进行了较详细的提示，有利于读者自学自查，进一步增强了本书的指导性。对综合实训案例企业的生产过程进行了较直观详细的介绍，更增强了本书的仿真性，增强了读者的感性认识。另外，在综合实训中加设了实训环节、修改了部分数据，以使实训更具综合性，核算出的产品成本更符合实际情况。

　　本书在编写及修订过程中，得到了荆门市众和纺织有限公司郑伦智、鄢爱玲，武汉威林炉衬材料有限责任公司苏伯平、管仲晟等同志的大力支持，在此深表感谢！

　　本书由郑伦卉、蒲萍同志担任主编，李祖琼、段禾青、郑金洲同志担任副主编。

　　尽管我们希望通过修订能使本书更加实用、好用，但由于编者水平有限，实践能力不够，书中难免有疏漏之处，敬请读者和专家批评指正，以便我们将来能做得更好。

编者

2013 年 7 月

第一版前言

为了培养和造就适应市场经济发展要求的应用型财会人才，加强会计实践性教学，满足成本会计实训教学的需要，我们以企业会计准则为依据，本着以学生为主体，以市场为导向，以提高学生动手能力为目标的原则编写了《成本会计案例实训》一书。

本书分为两大部分共六章，第一部分为成本会计案例实训基础，首先介绍了成本会计案例实训的目的、要求等内容，然后在简要介绍成本会计工作岗位职责、任务的基础上，集中回顾了成本会计核算的基本程序、基本方法等理论知识，最后是先导案例实训，引入了案例企业——武汉威林炉衬材料有限责任公司，安排了成本核算最基本方法——品种法的实训，以达到让学生比较全面系统地掌握成本核算的基本流程以及品种法，为后续的综合实训打下基础的目的。第二部分为成本会计案例综合实训，首先介绍了案例企业——荆门市众和纺织有限公司的概况及其成本核算特点等基础资料，然后模拟案例企业与成本核算有关的实际经济业务，从要素费用的核算开始，安排了直接材料费用、薪酬费用、其他费用、辅助生产费用、制造费用等模块实训，并在此基础上对生产费用在完工产品与期末在产品之间的分配、成本核算的分步法进行了重点实训，最后是成本报表编制实训，以达到让学生真实体验成本会计从费用到成本的整个核算过程，熟练掌握费用的归集和分配的基本原理和方法的目的。

本书在编写过程中力求做到实训资料准确规范、实训设计科学仿真，并紧紧遵循最新的会计准则。其主要特点有三：一是仿真性。无论是先导案例还是综合案例，尽管成本核算数据是模拟的，但案例企业都是真实的企业，能让学生产生一种身临其境的感觉。二是指导性。本书先集中介绍了成本核算的基本理论、基本方法，这可作为综合实训的理论指导，然后进行先导案例实训，这可作为综合实训的实践指导，最后才是综合案例实训。学生的实训是一个循序渐进的过程，避免了学生面对庞杂的原始资料时无从入手的现象。三是综合性。在综合实训中，尽管分了七个模块，但整个实训是一个综合实训，各个实训模块之间存在着密切的关联性，是不可分割的。数据之间存在着很强的勾稽、逻辑关系，除一些初始数据和经济业务外，所有实训模块都没有另外提供数据资料，后面实训所需要的成本核算数据大都来自于前面有关实训模块的计算结果，以达到让学生真正驾驭实训资料，真正掌握成本核算方法和流程的目的。

本书主要作为高职院校学生在校内进行成本会计实训之用，亦可作为在职人员指导读物。

本书由郑伦卉、蒲萍担任主编，李祖琼、王珏、吴琛担任副主编。

由于编者水平有限，实践能力不够，书中难免有疏漏之处，敬请读者和专家批评指正，以便我们将来能做得更好。

编者

2010 年 7 月

目　录

第一部分

成本会计案例实训基础

第一章　成本会计案例实训总论

一、成本会计案例实训的目的

成本会计案例实训主要以一个模拟工业企业为案例，将与成本核算有关的基础资料、原始凭证详细地展现出来后，让学生综合应用成本核算方法，完成从费用发生到成本形成的整个核算过程。

通过案例实训，可达到以下目的：让学生进一步加深对成本会计的基本理论、基本知识的理解；熟练掌握成本会计的基本核算方法，全面了解成本核算的业务流程；提高动手能力，培养独立开展成本核算的工作能力和成本管理能力。

二、成本会计案例实训的要求

（一）对实训指导教师的要求

由于成本会计案例实训是培养和提高学生成本核算动手能力的关键环节，核算工作量较大，数据之间存在着很强的勾稽、逻辑关系，因此实训指导教师的作用至关重要。要求实训指导教师具有较强的专业知识、实务经验和严谨的教学态度，在指导教学时对每一环节的实训都要做到有计划、有要求、有指导、有讲评。

（二）对实训学生的要求

案例实训相当于成本会计实际核算过程，是成本会计岗位工作的演习，因此学生要端正态度，认真实训，并在实训中严格遵守实务工作中的有关要求：

（1）正确理解和分析有关原始凭证所反映的经济业务的准确含义和用途，认真思考并确认无误后进行会计处理。

（2）按照国家统一会计制度的规定和《会计基础工作规范》的要求，高质量地独立完成会计凭证的审核、记账凭证的填制、会计账簿的开设与登记、成本报表的编制等一系列工作。

三、成本会计案例实训的有关说明

（1）成本会计案例实训参考学时为 30 课时，建议每天安排 6~8 课时。

（2）成本会计案例实训可以独立完成，也可以分成小组合作完成。

（3）成本会计案例实训原始凭证省略了签章等内容，领料单省略了经手人等的签名。尽管模拟企业为真实企业，但实训资料为模拟数据，可能与事实和现实不符。

（4）成本会计案例实训计算过程中，分配率或加权平均单位成本等应精确到 0.0001，成本费用金额应精确到 0.01，尾差由管理费用或最后一个分配对象负担。

（5）成本会计案例实训用会计分录代替记账凭证，用会计分录编号代替凭证号数。

（6）成本会计案例实训所有案例的成本核算日期均为 2013 年 7 月。

第二章　成本会计核算工作概述

一、成本会计岗位工作职责

（1）拟订成本核算办法。

（2）制订成本费用计划。

（3）负责成本管理基础工作。

（4）核算产品成本和期间费用。

（5）编制成本费用报表并进行分析。

（6）协助管理在产品和自制半成品。

（7）保守企业商业秘密。

二、成本会计的任务

成本会计的根本任务是尽可能节约企业生产经营过程中活劳动与物化劳动的消耗，不断降低产品成本，提高经济效益。具体任务是：

（1）正确计算产品成本，及时提供成本信息。

（2）优化成本决策，确立目标成本。

（3）加强成本控制，防止挤占成本。

（4）建立成本责任制度，加强成本责任考核。

三、成本核算的账户设置

为核算企业产品成本，一般应设置"生产成本"、"制造费用"、"销售费用"、"管理费用"、"财务费用"和"库存商品"等会计科目。

"生产成本"科目用以核算企业进行产品生产（包括产成品、自制半成品和提供劳务等）、自制材料、自制设备等所发生的各项生产费用。为了分别核算基本生产成本和辅助生产成本，还应在该总账账户下设立"基本生产成本"和"辅助生产成本"两个二级账户，在二级账户下再按一定要求设置明细账户。

为了简化会计核算手续，也可以将两个二级账户提升为一级账户，也即设立"基本生产成本"和"辅助生产成本"两个一级账户，不再设置"生产成本"一级账户。

"制造费用"科目用以核算企业进行产品生产和提供劳务而发生的各项间接费用。该科目按不同的车间、部门设置明细账。对辅助生产车间的制造费用，根据车间规模和企业管理要求，可以单设"制造费用"科目进行核算，也可以不单设"制造费用"科目，而将其计入"辅助生产成本"科目总账以及所属明细账的相应费用项目。

"销售费用"科目用以核算企业产品销售过程中发生的各项费用。

"管理费用"科目用以核算企业行政管理部门为组织和管理生产经营而发生的各项管理费用。

"财务费用"科目用以核算企业为筹集生产经营资金而发生的各项费用。

"库存商品"科目用以结转已完工入库产品的成本。

四、成本核算基本程序

要正确进行成本核算，必须遵循一定的程序。

（一）企业只有基本生产车间，没有辅助生产车间时

其成本核算一般程序为：

（1）确定成本核算对象，并据以设置有关成本核算总分类账和明细分类账。

（2）归集和分配本月发生的要素费用。

（3）归集和分配制造费用。

（4）计算完工产品成本和在产品成本。

（5）结转完工产品成本。

其成本核算账务处理的基本程序用程序图列示，如图 2-1 所示。

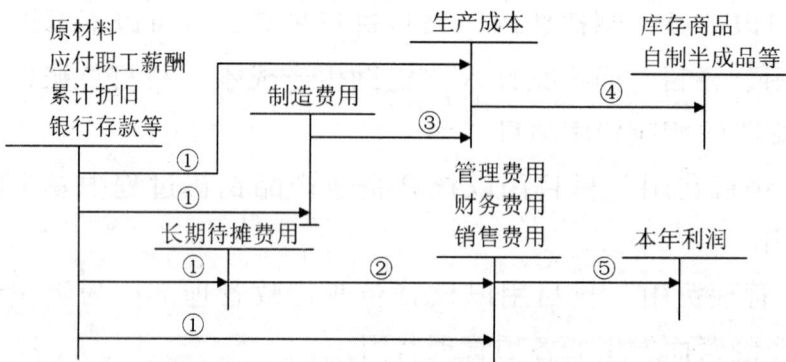

图 2-1   产品成本核算主要账务处理程序图（无辅助生产车间）

说明：①分配各项要素费用；②摊销长期待摊费用；③分配制造费用；④计算和结转完工产品成本；⑤结转期间费用。

（二）企业有辅助生产车间且辅助生产车间不单独核算制造费用时

其成本核算一般程序为：

（1）确定成本核算对象，并据以设置有关成本核算总分类账和明细分类账。

（2）归集和分配本月发生的要素费用。

（3）归集和分配辅助生产费用。

（4）归集和分配基本生产车间制造费用。

（5）计算完工产品成本和在产品成本。

（6）结转完工产品成本。

其成本核算账务处理的基本程序用程序图（省略了期间费用等）列示，如图2-2所示。

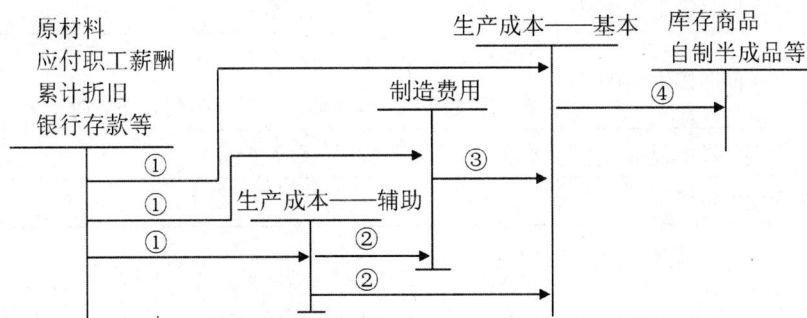

图2-2 产品成本核算主要账务处理程序图（有辅助生产车间）

说明：①分配各项要素费用；②分配辅助生产费用；③分配制造费用；④计算和结转完工产品成本。

五、成本费用核算的原则及方法

（一）成本费用分配原则

1. 谁受益，谁负担

即发生的成本费用应分配给受益对象。

费用的一般分配去向如表 2-1 所示。

表 2-1　成本费用的分配去向表

发生部门和用途	计入科目
基本生产车间直接生产费用	生产成本——基本生产成本——××产品 或生产成本——××产品（无辅助生产车间时）
基本生产车间间接生产费用	制造费用——××车间
辅助生产车间直接生产费用	生产成本——辅助生产成本——××车间
辅助生产车间间接生产费用	①生产成本——辅助生产成本——××车间 ②制造费用——××车间（单独设置科目核算时）
行政管理部门发生费用	管理费用、销售费用、财务费用
在建工程发生费用	在建工程

2. 直接费用直接计入，间接费用分配计入

凡能直接分清是为生产哪种产品（或成本核算对象）而发生的费用，即为直接费用，无须分配，可以直接计入该种产品（或成本核算对象）成本；凡不能直接分清是为生产哪种产品（或成本核算对象）而发生的费用，即为间接费用，需要通过一定的方法分配后计入各种产品（或成本核算对象）成本。

间接费用的分配通用公式为：

$$费用分配率 = \frac{待分配的费用总额}{各分配对象的分配标准总额（量）之和}$$

$$某分配对象应分配的费用 = 该分配对象的分配标准总额（量） \times 费用分配率$$

（二）各项成本费用的归集和分配方法

1. 材料费用的核算方法

材料按其在生产经营过程中的作用，材料可分为：

（1）原料及主要材料。

（2）辅助材料。

（3）外购半成品。

（4）修理用备件。

（5）燃料。

（6）包装物。

（7）低值易耗品。

其中，前五项用"原材料"科目核算，后两项既可用"周转材料"科目核算，也可以单独设置"包装物"、"低值易耗品"科目核算。

企业在生产活动中耗用的材料费用，是根据领、退料凭证，按照材料的用途归集和分配的，一般通过编制"材料费用分配表"和"发出材料汇总表"来进行核算。

材料数量的计算方法主要有永续盘存制和实地盘存制。

材料价格的确定方法主要有计划成本法和实际成本法。

材料费用分配的方法主要有重量（体积、产量、面积）比例分配法和定额消耗量（定额费用）比例分配法。

2. 职工薪酬费用的核算方法

职工薪酬，是指企业为获得职工提供的服务而给予的各种形式的报酬以及其他相关支出，具体包括：

（1）职工工资、奖金、津贴和补贴。

（2）职工福利费。

（3）医疗保险费、养老保险费、失业保险费、工伤保险费和生育保险费等社会保险费。

（4）住房公积金。

（5）工会经费和职工教育经费。

（6）非货币性福利。

（7）因解除与职工的劳动关系给予的补偿（通常称为辞退福利）。

（8）其他与获得职工提供的服务相关的支出。

其中，第（1）项可统称为工资，根据有关规定，工资总额由下列六个部分组成：计时工资、计件工资、奖金、津贴和补贴、加班加点工资、特殊情况下支付的工资。

职工薪酬费用的归集是根据考勤记录和产量记录，通过编制"职工结算单"和"工资汇总表"来进行计算的，计算方法有日薪制和月薪制。

职工薪酬费用的分配通过编制"工资费用分配表"来进行的，分配方法主要有生产工时（实际工时或定额工时）比例分配法和直接材料成本比例分配法。

3. 辅助生产费用的核算方法

辅助生产，是指为基本生产车间、企业行政管理部门等单位提供服务而进行的产品生产和劳务供应。辅助生产主要有两类：

（1）只生产一种产品或只提供一种劳务，如供水、供电、供气、运输和修理等。

（2）生产多种产品或提供多种劳务，如从事工具、模型、修理用备件的制造等。

辅助生产费用应按照辅助生产车间以及产品和劳务类别进行归集。

辅助生产费用的分配分两种情况：①对制造工具、模型、修理用备件的辅助生产成本，其分配方法类比基本生产成本的分配方法；②对提供水、电、汽等产品和运输、修理等劳务所发生的辅助生产成本，一般通过按受益单位耗用的劳务数量在各单位之间进行分配。常用的分配方法有直接分配法、交互分配法、代数分配法、计划成本分配法等。

4. 制造费用的核算方法

制造费用是指间接用于产品生产的各项费用，以及虽直接用于产品生产，但不便于直接计入产品成本，因而没有专设成本项目的生产费用。

制造费用是按照发生的地点或生产单位（分厂、车间）来归集的。如果辅助生产车间的制造费用不通过"制造费用"账户单独核算，而是全部计入辅助生产成本，则"制造费用"账户仅核算基本生产车间发生的制造费用。

制造费用分配计入产品成本的方法一般有生产工时比例分配法、生产工人工资比例分配法、机器工时比例分配法、按年度计划分配率分配法等。

5. 生产费用在完工产品和在产品之间的分配方法

常用的分配方法有：

（1）不计算在产品成本法。

（2）固定在产品成本法。

（3）在产品按所耗直接材料成本计价法。

（4）约当产量比例法。

（5）在产品按完工产品成本计价法。

（6）在产品按定额成本计价法。

（7）定额比例法。

六、产品成本计算的基本方法

产品成本计算的基本方法主要有：品种法、分批法、分步法。三者具体比较如表2-2所示。

表2-2　产品成本计算基本方法比较表

成本计算方法	成本计算对象	成本计算期	生产费用在完工产品和在产品之间的分配
品种法	每种产品	定期于期末计算	视情况决定是否需要分配
分步法	每种产品及其生产步骤	定期于期末计算	需要进行分配
分批法	每批产品	产品完工后计算，不定期计算	一般不需分配

其中，分步法又分为逐步结转分步法与平行结转分步法，二者主要区别如表2-3所示。

表 2-3　逐步结转分步法与平行结转分步法比较表

区别点	逐步结转分步法	平行结转分步法
适用范围不同	主要适用于为连续式多步骤生产企业	主要适用于装配式多步骤生产企业
半成品成本结转方式不同	每月计算半成品成本，半成品实物转移，成本随之转移	一般不计算半成品成本，半成品实物转移，成本不随之转移
产成品成本计算方法不同	按生产步骤逐步计算并结转半成品成本，直到最后计算出产成品成本	将各生产步骤中应计入相同产成品成本的份额平行汇总，以求得产成品成本
在产品的含义不同	在产品是指狭义的在产品	在产品是指广义的在产品

　　其中，逐步结转分步法又分为综合结转法和分项结转法，二者主要区别如表 2-4 所示。

表 2-4　综合结转法与分项结转法比较表

区别点	综合结转法	分项结转法
半成品成本结转的方式不同	不分成本项目，全部计入下一生产步骤生产成本明细账中的"直接材料"成本项目或专设的"半成品"	按原始成本项目，分别计入下一生产步骤生产成本明细账中对应的成本项目中
半成品成本结转的计价方式不同	可以按照上一步骤所产半成品的实际成本结转，也可以按照企业确定的半成品计划成本或定额成本结转	一般按照上一步骤所产半成品的实际成本结转
对成本需否还原的要求不同	需要进行成本还原	不需要进行成本还原

七、成本报表和成本分析

（一）成本报表

成本报表是根据企业产品成本和期间费用的核算资料以及其他有关资料而编制的，用来反映企业一定时期产品成本和期间费用水平及其构成情况的报告文件。

成本报表不是对外报送的会计报表，属于企业内部报表，成本报表的种类、格式、项目、编制方法和程序、编制日期、具体报送对象，国家都不做统一规定，而由企业根据自己生产经营和管理的需要自行决定。不仅企业之间各不相同，就是同一企业在不同时期也可能设置不同的内部成本报表。

成本报表按其反映的内容可分为三类：

（1）反映成本计划执行情况的报表。

（2）反映费用支出情况的报表。

（3）反映生产经营情况的报表。

（二）成本分析

成本分析是为了满足企业各管理层次了解成本状况及进行经营决策的需要，以成本核算资料为基础，结合其他有关的核算、计划和统计资料，采用一定的方法解剖成本变动的原因、经营管理问题及业绩的管理活动。

成本分析的方法主要有：

（1）比较分析法。

（2）比率分析法。

（3）因素分析法。

第三章　先导案例实训——产品成本计算的品种法实训

实训设计思想：本实训选取了典型的单步骤生产企业作为案例企业，设计了较为简单的实训原始资料和实训过程，其目的是让学生熟练掌握成本核算的基本流程，牢固掌握产品成本计算的最基本方法——品种法，为第二部分的综合实训做准备、打基础。

一、公司概况

1. 公司基本情况

本案例公司为武汉威林炉衬材料有限责任公司（以下简称威林公司），该公司成立于 1998 年，是从事耐火材料和冶金炉料开发、研制、应用和专业服务的高新技术企业。经过十多年的建设和发展，现已成为中国中部地区初具规模的耐火材料生产企业。

威林公司主要生产各种定形、不定形耐火材料，现在主导新产品有风管构件、转炉大面料、高强石墨泥浆、高强复合泥浆、微孔高温隔热砖系列，广泛用于冶金、建材、有色、电力、机械、轻工、石油、化工等行业的高温窑炉设施，其许多产品达到并超过了国内外同类产品质量，有的填补了国内空白，在市场上享有良好的品牌信誉。

威林公司有关基本资料如表3-1所示。

表3-1　威林公司基本情况表

企业名称：武汉威林炉衬材料有限责任公司	
通讯地址：武汉市新洲区阳逻经济开发区晶港路1号	
企业网址：http：//www.luchen.cn	
机构代码：	工商登记：
经营范围：耐火材料和冶金炉料的开发、研制、生产和服务	
成立年份：1998年	职工人数：250人
注册资本：人民币900万元	法人代表：王渝斌

2. 公司组织结构和生产特点

威林公司设有采购部、生产部、销售部、研发中心、财务部、办公室、运输车队等部门。本实训中将其分为三大类：基本生产车间（生产部）、辅助生产车间（运输车队）、管理部门（采购部、销售部、研发中心、财务部、办公室等部门）。

威林公司基本生产车间主要生产风管构件、转炉大面料、高强石墨泥浆、高强复合泥浆、微孔高温隔热砖系列产品。辅助生产车间主要为基本生产车间和管理部门提供运输劳务。

威林公司为高新技术企业，主要体现在其研发过程技术含量高，但其生产工艺过程并不复杂，属于单步骤生产企业，其基本生产过程是将高铝料、碳化硅、生黏土等主要材料经过严格配料，加适量水搅拌而制成各种耐火炉衬材料。其原材料为一次性投料，一般没有期初、期末在产品。

3. 公司成本核算方法

（1）公司按品种法计算产品成本（因为公司生产为单步骤生产）。

（2）公司为核算成本，设置了"生产成本"、"制造费用"和"库存商品"等总账科目，"生产成本"总账科目下设"基本生产成本"和"辅助生产成本"两个二级账户。基本生产车间设置了直接材料、直接人工和制造费用三个成本项目，对外购电力未单设成本项目，而是计入了制造费用。

（3）原材料按实际成本计价，采用加权平均法计算发出材料单价。

（4）产品共同耗用的包装材料费按产品产量比例分配。

（5）产品共同耗用的生产工人薪酬费用按生产工人工时比例分配。

（6）产品共同耗用的外购电力费按机器工时比例分配。

（7）制造费用按产品生产工人工时比例分配。

（8）辅助生产部门不单设"制造费用"科目，所有费用都计入了"生产成本——辅助生产成本"，辅助生产费用按运输劳务量比例直接分配。

（9）生产费用在完工产品和在产品之间的计算方法采用不计算在产品成本法（因一般没有在产品）。

二、公司核算资料

威林公司 2013 年 7 月有关实训资料如下：

1. 本月产品生产和劳务提供情况

本月基本生产车间生产两种产品：高炉灌浆料和烧嘴浇

注料，其中高炉灌浆料400吨，烧嘴浇注料300吨。生产高炉灌浆料耗用生产工人工时9600小时，机器工时3060小时；生产烧嘴浇注料耗用生产工人工时7700小时，机器工时2520小时。

本月运输车间共完成25000公里运输工作量，其中基本生产车间耗用18400公里，管理部门耗用6600公里。

2. 本月耗用材料情况

（1）基本生产车间为生产高炉灌浆料，共领用高铝料80吨（每吨平均单价835元），碳化硅80吨（每吨平均单价183元）、生黏土40吨（每吨平均单价541元），水玻璃80吨（每吨平均单价686元），另用水120吨（每吨单价3元）。

（2）基本生产车间为生产烧嘴浇注料，共领用CA-80水泥90吨（每吨平均单价4896元），硅微粉120吨（每吨平均单价2083元），有机纤维15吨（每吨平均单价20154元），三聚磷酸钠45吨（每吨平均单价5086元），另用水30吨（每吨单价3元）。

（3）基本生产车间为包装完工产品，共领用编织袋等包装材料8250元。

（4）基本生产车间领用了润滑油等机物料1370元。

（5）辅助生产车间领用了汽配件等5680元。

3. 本月职工薪酬发生情况

公司本月职工薪酬发生如表3-2所示。

表 3-2　威林公司职工薪酬汇总表

2013 年 7 月　　　　　　　　　　　　　单位：元

车间或部门		应付工资	职工福利费	社会保险费等	职工薪酬合计
基本生产车间	生产工人	105850	10585	31755	148190
	管理人员	9280	928	2784	12992
	合计	115130	11513	34539	161182
运输车间		53600	5360	16080	75040
管理部门		252820	25282	75846	353948
总计		421550	42155	126465	590170

4. 本月应付电费情况

公司本月共用电 45000 度，电费单价为 0.9 元/度，应付电费共 40500 元。据独立电表记录计算，基本生产车间应负担电费 25500 元，其中生产产品动力用电 23200 元，照明等用电 2300 元；辅助生产车间应负担电费 5200 元，其余由管理部门负担。

5. 本月应付水费情况

公司本月共用水 1500 吨，水费单价为 3 元/吨，应付水费共 4500 元。据独立水表记录计算，基本生产车间应负担水费 1080 元，其中，直接用于产品生产用水 450 元（见资料 2，注意不要重复计入成本），车间一般用水 630 元，辅助生产车间应负担水费 780 元，其余由管理部门负担。

6. 本月其他费用发生情况

（1）本月应计提固定资产折旧费 26140 元，其中：基本生产车间 10540 元，运输车间 8820 元，管理部门 6780 元。

（2）本月应分摊财产保险费 9820 元，其中：基本生产车间 3190 元，运输车间 2610 元，管理部门 4020 元。

（3）本月以现金支付的费用为 2315 元，其中：基本生产车间办公费 350 元，修理费 480 元；运输车间办公费 120 元，路桥费 845 元；管理部门办公费 360 元，市内交通费 160 元。

（4）本月以银行存款支付的费用为 19960 元，其中：基本生产车间办公费 1580 元；运输车间修理费 3400 元，汽油费 8230 元；管理部门办公费 3550 元，招待费 3200 元。

三、公司成本核算基本程序

1. 确定成本核算对象，并据以设置有关成本核算总分类账和明细分类账

威林公司采用的成本计算方法为品种法，以产品品种为成本核算对象，本案例中，应以高炉灌浆料和烧嘴浇注料作为成本核算对象。为进行成本核算，应设置"生产成本"和"制造费用"两个总分类账，同时应在"生产成本"总分类账户下，设置"基本生产成本"和"辅助生产成本"二级账，并按高炉灌浆料和烧嘴浇注料两种产品开设产品成本明细账（或产品成本计算单）。

2. 归集和分配本月发生的要素费用

（1）编制材料费用分配表（见表 3-3），并据以编制记账凭证。

表 3-3　材料费用分配表

2013 年 7 月　　　　　　　　　　　　　　　　单位：元

应借科目		直接计入金额	分配计入金额			合计
			产品产量（吨）	分配率	分配金额	
生产成本——基本生产成本	高炉灌浆料					
	烧嘴浇注料					
小　计						
生产成本——辅助生产成本	运输车间					
制造费用						
合　计						

　　材料费用分配的会计分录（01 号凭证）为［提示：为生产高炉灌浆料耗用的 120 吨水和为生产烧嘴浇注料耗用的 30 吨水属于直接计入费用，应直接计入相应产品的成本，无须先计入制造费用再分配。同时，水费是应付未付费用，不计入原材料费用中，应从原材料费用中扣掉后，单独记入"应付账款"中］：

（2）编制职工薪酬费用分配表（见表3-4），并据以编制记账凭证。

表3-4　职工薪酬费用分配表

2013 年 7 月　　　　　　　　　　　　　　　　单位：元

应借科目		直接计入金额	分配计入金额			合计
			生产工人工时（小时）	分配率	分配金额	
生产成本——基本生产成本	高炉灌浆料					
	烧嘴浇注料					
	小计					
生产成本——辅助生产成本	运输车间					
制造费用						
管理费用						
合　计						

职工薪酬费用分配的会计分录（02 号凭证）为：

（3）编制电费分配表（见表3-5），并据以编制记账凭证。

表3-5　电费分配表

2013 年 7 月　　　　　　　　　　　　　　　　　单位：元

应借科目		直接计入金额	分配计入金额			合计
			机器工时（小时）	分配率	分配金额	
生产成本——基本生产成本	高炉灌浆料					
	烧嘴浇注料					
	小　计					
生产成本——辅助生产成本	运输车间					
制造费用						
管理费用						
合　计						

电费分配的会计分录（03 号凭证）为：

（4）编制水费分配表（见表3-6所示），并据以编制记账凭证。

表3-6　水费分配表

2013 年 7 月　　　　　　　　　　　　　　　　单位：元

应借账户	分配金额
生产成本——辅助生产成本——运输车间	
制造费用	
管理费用	
合　计	

水费分配的会计分录（04 号凭证）为：

（5）编制折旧费用计提表（见表3-7所示），并据以编制记账凭证。

表3-7　折旧费用计提表

2013 年 7 月　　　　　　　　　　　　　　　单位：元

应借账户	月应提折旧额
生产成本——辅助生产成本——运输车间	
制造费用	
管理费用	
合　计	

计提折旧的会计分录（05 号凭证）为：

（6）编制财产保险费摊销表（见表3-8），并据以编制记账凭证。

表3-8　财产保险费摊销表

2013 年 7 月　　　　　　　　　　　　　　　　　单位：元

应借账户	月摊销额
生产成本——辅助生产成本——运输车间	
制造费用	
管理费用	
合　计	

摊销财产保险费的会计分录（06 号凭证）为：

（7）编制以现金、银行存款支付的其他费用汇总分配表（见表3-9），并据以编制记账凭证。

表3-9　其他费用汇总分配表

2013 年 7 月　　　　　　　　　　　　　　　　　单位：元

应借账户	办公费	路桥费	修理费	汽油费	交通费	招待费	合计
辅助生产成本——运输车间							
制造费用							
管理费用							
合　计							

其他费用分配的会计分录（07 号凭证）为：

3. 归集和分配辅助生产费用

（1）编制辅助生产成本明细账，如表3-10所示。

表3-10　辅助生产成本明细账

车间名称：运输车间　　　　　　　2013年7月　　　　　　　　单位：元

2013年		凭证号数	摘　要	机物料	职工薪酬	电费	水费	折旧费	保险费	路桥费	办公费	修理费	汽油费	合计
月	日													

（2）编制辅助生产费用分配表，如表3-11所示。

表3-11　辅助生产费用分配表

车间名称：运输车间　　　　　　　2013年7月　　　　　　　　单位：元

应借账户	费用项目	耗用劳务数量（公里）	分配率	分配额
制造费用	运输费			
管理费用	运输费			
合计				

辅助生产费用分配的会计分录（08号凭证）为：

4. 归集和分配基本生产车间制造费用

（1）编制制造费用明细账，如表 3-12 所示。

表 3-12   制造费用明细账

2013 年 7 月   单位：元

2013 年		凭证号数	摘 要	机物料	职工薪酬	电费	水费	折旧费	保险费	办公费	修理费	运输费	合计
月	日												

（2）编制制造费用分配表，如表 3-13 所示。

表 3-13   制造费用分配表

2013 年 7 月   单位：元

应借账户		生产工人工时（小时）	分配率	分配额
生产成本——	高炉灌浆料			
基本生产成本	烧嘴浇注料			
合　计				

制造费用分配的会计分录（09 号凭证）为：

5. 计算完工产品成本和在产品成本

（1）高炉灌浆料的产品成本明细账（成本计算单），如表3-14 所示。

表 3-14　产品成本明细账

产品名称：高炉灌浆料　　　　　　产量：400 吨

2013 年 7 月　　　　　　　　　　单位：元

2013 年		凭证号数	摘　要	直接材料	直接人工	制造费用	合计
月	日						

（2）烧嘴浇注料的产品成本明细账（成本计算单），如表3-15 所示。

表 3-15　产品成本明细账

产品名称：烧嘴浇注料　　　　　　产量：300 吨

2013 年 7 月　　　　　　　　　　单位：元

2013 年		凭证号数	摘　要	直接材料	直接人工	制造费用	合计
月	日						

6. 结转完工产品成本

编制完工产品成本汇总表，如表 3-16 所示。

表 3-16　完工产品成本汇总表

2013 年 7 月　　　　　　　　　　　　　单位：元

产品	产量（吨）	完工产品总成本				完工产品单位成本
		直接材料	直接人工	制造费用	合计	
高炉灌浆料						
烧嘴浇注料						
合　计						

结转完工产品成本的会计分录（10 号凭证）为：

第二部分

成本会计案例综合实训

实训设计思想：本实训选取了典型的多步骤生产企业作为案例企业，但只设计了最基础的仿真原始资料，后续数据则要依靠学生自己逐步核算出来，要求学生能从原材料、职工薪酬费用等要素费用的归集和分配开始一直到核算出各步骤完工产品成本，其目的是让学生能全面、系统地掌握成本核算的各种方法，并熟知成本资料之间的衔接、勾稽关系，真正具备进行实务成本核算、驾驭庞杂的原始数据的能力，为今后胜任成本核算工作打下坚实基础。

第四章 案例公司基础资料

一、公司概况

1. 公司基本情况

本实训案例企业为荆门市众和纺织有限公司（以下简称众和公司），是国家级农业产业化龙头企业，其前身为荆门市棉纺厂，具有30多年的纺织历史，是一家集棉花种植、加工、纺纱、制衣、纺织品进出口贸易于一体的大型综合企业，占地面积620亩，注册资本5000万元，现有固定资产5.2亿元，拥有自营进出口权，技术力量雄厚，普纺、精纺、气流纱、倍捻设备先进、管理精细，现已通过了ISO14001环境管理体系认证和ISO9001：2000质量管理体系认证。2008年被评为"国家农业产业化龙头企业"。

众和公司现有纺纱能力25万锭，拥有目前国际先进水平的纺纱生产流水线，先后从德国、英国、法国、意大利、日本引进了世界一流的清梳联机、精梳机、细纱机、自动络筒机、倍捻机等，具有世界先进的环锭纺、紧密纺、气流纺、赛络纺、涡流纺等配套设备；现主要生产纯棉、毛棉、涤棉、粘棉、腈棉、莫代尔等各种纯纺、混纺、精梳、普梳系列纱线，共有300

余个品种，同时也可根据客户来样及要求定做。公司有稳定的原材料供应渠道，以江汉平原盛产的优质棉为基础，大力发展"公司+农户+基地"的生产模式。公司生产的"雪凤"、"楚留香"牌棉纱以优良的品质、合理的价格、满意的服务远销日本、韩国、中国香港、东南亚、欧美等十多个国家和地区，在中外客户中享有盛誉。

众和公司有关基本资料如表 4-1 所示。

表 4-1 荆门市众和纺织有限公司基本情况表

企业名称：荆门市众和纺织有限公司	
通讯地址：中国湖北省荆门市月亮湖北路 36 号　　　448000	
企业网址：http://www.hbjmzh.com/	
机构代码：722017365	工商登记：42080021300082
经营性质：制造商	进出口经营权：有
经营范围：棉纱、棉布、成衣	
成立年份：2000 年	职工人数：750 人
注册资本：5000 万元	法人代表：袁昭祥

2. 公司组织结构和生产特点

众和公司设有采购科、生产科、销售科、技术科、质检科、财务科、办公室、配电房、配气房、空调房、维修科等部门，另有一单独设置的销售门店。本实训中将其分为四大类：基本生产车间（生产科）、辅助生产车间（配电房、配气房、空调房、维修科等）、管理部门（采购科、销售科、技术科、质检科、财务科、办公室等部门）以及销售部门（销售门店）。

公司基本生产车间有纺纱车间和织布车间两大车间，主要生产棉纱和棉布两大系列产品。辅助生产车间主要为基本生产车间供电、供气、调节空气温湿度、维修设备。

公司生产类型为连续式多步骤大批量生产，首先在纺纱步骤对原材料——原棉进行加工制成半成品——棉纱，棉纱可对外销售，也可继续在织布步骤加工成产成品——棉布。各步骤原材料或半成品的投料方式为一次性投入。

3. 主要产品的生产工艺流程

（1）棉纱生产的工艺流程。

棉纱生产在纺纱车间完成，纺纱车间分为两个小车间：前纺车间和后纺车间。

前纺车间的主要工艺是：清棉、梳棉、精梳、并条、粗纱。

后纺车间的主要工艺是：细纱、络筒。

而在前纺之前，还需进行原棉选配，因此棉纱生产的整个工艺流程为：原棉选配→清棉→梳棉→精梳→并条→粗纱→细纱→络筒。

（2）棉布生产的工艺流程。

棉布生产在织布车间完成，织布车间分为三个小车间：准备车间、布机车间和整理车间。

准备车间的主要工艺是：整经、浆纱、穿经

布机车间的主要工艺是：织布

整理车间的主要工艺是：验布、修布

棉布生产的整个工艺流程为：整经→浆纱→穿筘→织布→整理→修布。

注：棉纺生产工艺流程中涉及的专业名词参见书后附录。

公司主要生产过程示意图如图4-1所示。

图4-1　棉纺公司主要生产过程示意图

二、公司成本核算特点

（一）会计核算组织形式

公司实行厂部集中核算形式，即各项成本会计核算工作都由总部财务部门集中完成，分厂、车间只负责提供原始资料。

（二）成本核算方法

1. 基本生产车间

公司成本核算只按纺纱车间和织布车间设两个基本生产车间，采用逐步综合结转分步法计算主要产品成本，但考虑时间及工作量因素，只要求计算纺纱车间和织布车间两个基本生产车间的产品成本，月末不要求进行成本还原。

2. 辅助生产车间

公司辅助生产车间共设有四个：供电车间（配电房）、供气车间（配气房）、空调车间（空调房，调节空气温、湿度）、维修车间（维修科）。其中，供电车间、供气车间分别为基本生产车间供应电、气，但车间并不直接生产相关产品，而是从市场上购买后再转供。空调车间主要调节基本生产车间的空气温、湿度，维修车间主要为基本生产车间和管理部门提供维修劳务。

公司采用品种法计算辅助生产成本。

（三）账户及成本项目的设置

根据公司生产特点和管理要求，公司为核算产品成本，设置了"基本生产成本"、"辅助生产成本"、"制造费用"、"自制半成品"和"库存商品"等总账科目。

"基本生产成本"总账科目下按车间（纺纱车间和织布车间）设置二级账，二级账下按产品（××棉纱、××棉布）设置明细账，明细账下再设置四个成本项目：主要材料（自制半成品）、辅助材料、直接人工、制造费用。"基本生产成本"各级账户设置如下：

基本生产成本——纺纱车间——××棉纱

　　　　　　——织布车间——××棉布

"辅助生产成本"总账科目下按车间（供电车间、供气车间、空调车间、维修车间）设置明细账，明细账下设置四个成本项目：主要材料（外购材料）、其他材料、直接人工、制造费用。"辅助生产成本"各级账户设置如下：

辅助生产成本——供电车间

　　　　　　——供气车间

　　　　　　——空调车间

　　　　　　——维修车间

辅助生产车间不单独设置"制造费用"科目，对发生的制造费用全部计入"辅助生产成本"账户。因此，"制造费用"

只指基本生产车间的，按基本生产车间（纺纱车间和织布车间）设置明细账。"制造费用"各级账户设置如下：

制造费用——纺纱车间

　　　　——织布车间

"自制半成品"和"库存商品"总账科目下均按产品名称设置明细账。"自制半成品"和"库存商品"各级账户设置如下：

自制半成品——××棉纱

库存商品——××棉布

（四）账务处理程序

采用记账凭证账务处理程序，即直接根据记账凭证逐笔登记总分类账。在实训过程中切记总分类账与明细分类账要平行登记。

（五）费用归集和分配方法的选择

1. 费用的分配标准

对各项费用的分配均以其定额作为分配标准，采用定额比率法进行分配，其中定额成本参考"棉纺织产品的定额成本计算方法"（中国纺织行业协会 2000 年版）确定。

2. 存货的计价

材料、自制半成品、产成品等存货均按实际成本计算，采用月末一次加权平均法计算发出存货成本。为简化核算，本实训已给出了领用材料的平均单价。

3. 固定资产折旧方法

固定资产折旧采用直线折旧法，按分类折旧率计提折旧，房屋建筑物、机器设备和其他设备的月折旧率分别为 4‰、8‰和 10‰。

4. 职工薪酬制度

生产一线工人实行个人计件工资制度，其他职工实行计时工资（月薪）制度。

5. 辅助生产费用的分配方法

辅助生产车间费用在各受益单位之间的分配采用直接分配法。

6. 生产费用在完工产品和期末在产品之间的分配方法

生产费用在完工产品和期末在产品之间的分配方法采用约当产量比例法。

三、主要产品及其各项费用单位定额标准

1. 主要产品

公司本月主要生产以下四种产品：

棉纱产品（两种）：规格分别为 18.2 特克斯、27.8 特克斯。在本实训中分别命名为甲棉纱、乙棉纱。

棉布产品（两种）：规格分别为幅宽 100cm，幅宽 180cm。在本实训中分别命名为甲棉布、乙棉布。

注：特克斯，简称特，旧称公支，符号为 tex，又称"号数"，是指 1000 米长纱线在公定回潮率下的重量（克数）。如规

格为27.8特克斯的棉纱表示每1000米该种棉纱重27.8克。

2. 产品成本各项费用单位定额标准

表4-2　产品成本各项费用定额标准表

产品名称		单位	单位包装材料定额	单位浆料定额	单位职工薪酬定额	单位燃料动力等辅助生产费用定额	单位制造费用定额
棉纱	甲棉纱	吨	210		1950	3560	4250
	乙棉纱	吨	200		1560	3220	3180
棉布	甲棉布	百米	3.5	45	90	120	320
	乙棉布	百米	4.2	60	120	150	360

四、期初在产品成本及产量记录

表4-3　纺纱车间期初在产品成本及产量记录

产品名称	期初在产品		本期投入（千克）	完工产品产量（千克）
	数量（千克）	单位成本（元/千克）		
甲棉纱	8920	14.80	102560	103240
乙棉纱	7450	15.30	83640	83960

表4-4　织布车间期初在产品成本及产量记录

产品名称	期初在产品		本期投入（千克）	完工产品产量	
	数量（千克）	单位成本（元/千克）		（千克）	（米）
甲棉布	10040	24.10	137640	139040	690660
乙棉布	9130	25.40	123080	124320	493240

表4-5　期初在产品成本构成

单位：元

产品名称	主要材料/自制半成品	辅助材料	直接人工	制造费用	合计
甲棉纱	62440	6958	48703	13915	132016
乙棉纱	53640	6032	42240	12073	113985
甲棉布	133080	9678	77428	21778	241964
乙棉布	127550	9276	37104	57972	231902

第五章 要素费用核算及成本计算的分步法实训

模块一 直接材料费用实训

一、实训目的

通过本次实训，学生要熟练掌握材料费用的计量、计价、发生、归集、分配的具体程序和步骤，特别是要掌握将材料费用计入产品成本的方法，切实领会"直接费用直接计入、间接费用分配计入"的含义，并能根据材料费用汇总表及分配表进行分配材料费用的账务处理。

二、实训资料

生产车间领用材料比较频繁，基本每天都要领用原材料，为简化凭证，现假设主要原材料——棉花按旬领用，辅助材料是月初一次性领用。公司 2013 年 7 月的原材料及辅助材料领用、消耗情况如下。

（一）纺纱车间

1. 主要材料消耗

（1）甲棉纱。

车间为生产甲棉纱，本期根据配棉单共领用原棉 102560 千克，详见表5-1、表5-2、表5-3"主要原材料领料单"001～003号。

表5-1　主要原材料领料单

领料部门：纺纱车间　　　　　2013 年 7 月 1 日　　　　　　　序号：001

用　　途：生产甲棉纱

产地	等级	批号	包数	净重 （千克）	公定重量 （千克）	单价 （元）	金额 （元）
荆门	330	略	8	641.2	645.1	12.80	
潜江	330		13	1044.4	1042.8	13.30	
公安	429		15	1210.5	1202.1	13.90	
……	……	……	……	……	……	……	
合计			440	35195.6	35153.6	13.30	

注：在纺织行业，主要原材料的计量一般是以"公定重量"作为依据。公定重量的计算要以国家标准为依据，一般按如下步骤计算得来的：毛重减去包装物重量（皮重）得到净重，净重按标准含杂率扣补后得到实际回潮率下的准重，准重按公定回潮率折算后得到公定重量。计算公式如下：

净重＝毛重－包装物重

准重＝净重×（100％－实际含杂率）/（100％－标准含杂率）

公定重量＝准重×（100％＋棉花公定回潮率）/（100％＋棉花实际回潮率）

这样，公定重量可能比净重高，也可能比净重低。

表 5-2　主要原材料领料单

领料部门：纺纱车间　　　　　　2013 年 7 月 11 日　　　　　　　序号：002

用　　途：生产甲棉纱

产地	等级	批号	包数	净重（千克）	公定重量（千克）	单价（元）	金额（元）
仙桃	330		15	1201.8	1313.3	13.80	
襄阳	429		12	967.5	946.8	13.50	
荆门	429		8	645.8	650.7	12.80	
……	……	……	……	……	……	……	
合计			420	33660.8	33674.8	13.30	

表 5-3　主要原材料领料单

领料部门：纺纱车间　　　　　　2013 年 7 月 21 日　　　　　　　序号：003

用　　途：生产甲棉纱

产地	等级	批号	包数	净重（千克）	公定重量（千克）	单价（元）	金额（元）
当阳	330		16	1044.4	1042.8	13.10	
公安	429		15	1210.5	1202.4	12.90	
云梦	429		7	554.7	550.6	13.60	
……	……	……	……	……	……	……	
合计			420	33683.6	33731.6	13.30	

（2）乙棉纱。

车间为生产乙棉纱，本期根据配棉单共领用原棉 83640 千克，详见表 5-4、表 5-5、表 5-6 "主要原材料领料单" 004 ~ 006 号。

表 5-4　主要原材料领料单

领料部门：纺纱车间　　　　　　2013 年 7 月 1 日　　　　　　　　序号：004

用　　途：生产乙棉纱

产地	等级	批号	包数	净重（千克）	公定重量（千克）	单价（元）	金额（元）
荆门	126	略	5	400.9	401.3	12.80	
潜江	225		6	498.4	450.8	13.90	
公安	328		15	1208.8	1210.4	13.80	
……	……	……	……	……	……	……	
合计			400	32034.8	32062.4	13.70	

表 5-5　主要原材料领料单

领料部门：纺纱车间　　　　　　2013 年 7 月 11 日　　　　　　　序号：005

用　　途：生产乙棉纱

产地	等级	批号	包数	净重（千克）	公定重量（千克）	单价（元）	金额（元）
荆门	126	略	4	318.9	320.5	12.80	
天门	225		5	409.7	412.8	13.50	
枣阳	328		6	485.3	490.6	14.20	
……	……	……	……	……	……	……	
合计			320	25726.4	25775.2	13.70	

表 5-6　主要原材料领料单

领料部门：纺纱车间　　　　　　2013 年 7 月 21 日　　　　　　序号：006
用　　途：生产乙棉纱

产地	等级	批号	包数	净重（千克）	公定重量（千克）	单价（元）	金额（元）
荆门	126	略	5	408.9	410.5	12.80	
秭归	225		7	569.7	575.6	13.90	
新洲	328		8	638.3	635.8	13.50	
……	……	……	……	……	……	……	
合计			320	25683.2	25802.4	13.70	

2. 辅助材料消耗

纺纱车间为生产棉纱，领用了编织袋等辅助材料 7728 元，具体见表 5-7 "辅助材料领料单" 007 号。

表 5-7　辅助材料领料单

领料部门：纺纱车间　　　　　　2013 年 7 月 1 日　　　　　　序号：007
用　　途：包装棉纱

物资名称	规格型号	单位	数量	单位（元）	金额（元）
编织袋	略	个	480	3.00	1440.00
内膜袋		卷	72	4.00	288.00
纸管		个	7200	0.80	5760.00
打包带		米	4800	0.05	240.00
合计					7728.00

3. 其他材料消耗

纺纱车间为生产棉纱，领用了胶圈等其他材料 31188 元，具体见表 5-8 "其他材料领料单" 008 号。

表 5-8　其他材料领料单

领料部门：纺纱车间　　　　　　　2013 年 7 月 1 日　　　　　　　序号：008

用　　途：机物料消耗及设备维修

物资名称	规格型号	单位	数量	单位（元）	金额（元）
胶圈	略	个	22000	0.55	12100.00
轴承		个	3200	5.00	16000.00
汽油		升	320	5.90	1888.00
润滑油		瓶	20	60.00	1200.00
合计					31188.00

（二）织布车间

1. 辅助材料消耗

织布车间为生产棉布，领用了包套等包装棉布用辅助材料 36072 元，领用了石蜡等浆纱用辅助材料 16584 元，共计 52656 元，具体见表 5-9、表 5-10 "辅助材料领料单" 009、010 号。

表 5-9　辅助材料领料单

领料部门：织布车间　　　　　2013 年 7 月 1 日　　　　　　　　序号：009

用　　途：包装棉布

物资名称	规格型号	单位	数量	单位（元）	金额（元）
包套	略	个	3600	9.50	34200.00
缝包线		千克	72	26.00	1872.00
合计					36072.00

表 5-10　辅助材料领料单

领料部门：织布车间　　　　　2013 年 7 月 1 日　　　　　　　　序号：010

用　　途：浆纱

物资名称	规格型号	单位	数量	单位（元）	金额（元）
石蜡	略	千克	240	8.50	2040.00
淀粉		千克	720	20.00	14400.00
浆纱膏		千克	120	1.20	144.00
合计					16584.00

2. 其他材料消耗

织布车间为生产棉布，领用了钢筘等其他材料 31426 元，具体见表 5-11 "其他材料领料单" 011 号。

表 5-11 其他材料领料单

领料部门：织布车间　　　　　　2013 年 7 月 1 日　　　　　　序号：011

用　　途：机物料消耗及设备维修

物资名称	规格型号	单位	数量	单位（元）	金额（元）
钢筘		片	40	210.00	8400.00
棕丝		支	23000	0.75	17250.00
轴承		套	400	7.30	2920.00
汽油		升	240	5.90	1416.00
润滑油		瓶	24	60.00	1440.00
合计					31426.00

（三）辅助生产车间

供电车间、供气车间、空调车间和维修车间本月分别领用 1723.50 元、2630.80 元、1858.00 元、4536.60 元（其他材料领料单略）。

三、实训程序

（1）开设"基本生产成本"、"辅助生产成本"和"制造费用"总账（见表5-12、表5-13、表5-14）。

（2）开设"基本生产成本"明细账（见表5-15、表5-16、表5-17、表5-18）。

（3）开设"辅助生产成本"明细账（见表5-19、表5-20、表5-21、表5-22）。

（4）开设"制造费用"明细账（见表5-23、表5-24）。

（5）登记"基本生产成本"总账及其明细账的期初余额〔提示，根据期初资料表4-3、资料表4-4计算并登记，切记总账与明细账应平行登记，即既要登记到总账（见表5-12），又要同时登记到明细账（见表5-15、表5-16、表5-17、表5-18）〕。

（6）计算并填列"主要材料领料单"（见表5-1、表5-2、表5-3、表5-4、表5-5、表5-6）的金额。

（7）编制"发出材料汇总表"（见表5-28）〔提示：产品单独耗用的材料直接计入各相关栏目，产品共同耗用的材料先按定额比例分配法进行分配并编制"辅助材料费用分配表"（见表5-25、表5-26、表5-27）后，再计入各相关栏目，即要完成表5-28，必须先完成表5-25、表5-26、表5-27〕。

（8）根据"发出材料汇总表"及有关领料单编制记账凭证（01号凭证）并登账〔提示：由于本实训主要训练核算产品成本，故登账时只要求登记成本类账户和库存商品的金额（切记总账与明细账应平行登记），省略"管理费用"等期间费用的登记工作〕。

表 5-12　总分类账-1

会计科目：基本生产成本　　　　　　　　　　　　　　　　　　　　单位：元

年		凭证号数	摘要	借方	贷方	借或贷	余额
月	日						

表 5-13　总分类账-2

会计科目：辅助生产成本　　　　　　　　　　　　　　　　　单位：元

年		凭证号数	摘要	借方	贷方	借或贷	余额
月	日						

表5-14　总分类账-3

会计科目：制造费用 单位：元

年		凭证号数	摘要	借方	贷方	借或贷	余额
月	日						

表5-15　基本生产成本明细分类账-1

车间：纺纱车间　　　　　　　产品：甲棉纱　　　　　　　单位：元

年		凭证号数	摘要	主要材料	辅助材料	直接人工	制造费用	合计
月	日							

表5-16 基本生产成本明细分类账-2

车间：纺纱车间　　　　　　　　产品：乙棉纱　　　　　　　　单位：元

年		凭证号数	摘要	主要材料	辅助材料	直接人工	制造费用	合计
月	日							

表 5-17   基本生产成本明细分类账-3

车间：织布车间　　　　　　　　　产品：甲棉布　　　　　　　　单位：元

年		凭证号数	摘要	自制半成品	辅助材料	直接人工	制造费用	合计
月	日							

表5-18　基本生产成本明细分类账-4

车间：织布车间　　　　　　　　　产品：乙棉布　　　　　　　　　单位：元

年		凭证号数	摘要	自制半成品	辅助材料	直接人工	制造费用	合计
月	日							

表5-19   辅助生产成本明细分类账-1

车间：供电车间   单位：元

年		凭证号数	摘要	外购材料	其他材料	直接人工	制造费用	合计
月	日							

表 5-20　辅助生产成本明细分类账-2

车间：供气车间　　　　　　　　　　　　　　　　　　　　　　单位：元

年		凭证号数	摘要	外购材料	其他材料	直接人工	制造费用	合计
月	日							

表5-21　辅助生产成本明细分类账-3

车间：空调车间　　　　　　　　　　　　　　　　　　　　　单位：元

年		凭证号数	摘要	外购材料	其他材料	直接人工	制造费用	合计
月	日							

表5-22 辅助生产成本明细分类账-4

车间：维修车间　　　　　　　　　　　　　　　　　　　　单位：元

年		凭证号数	摘要	外购材料	其他材料	直接人工	制造费用	合计
月	日							

表 5-23　制造费用明细分类账-1

车间：纺纱车间　　　　　　　　　　　　　　　　　　　　　　　　　　单位：元

年		凭证号数	摘要	机物料消耗	职工薪酬	折旧费	保险费	办公费	劳保费	水费	电费	蒸气费	空调费	修理费	其他	合计
月	日															

表 5-24　制造费用明细分类账-2

车间：织布车间

单位：元

年		凭证号数	摘要	机物料消耗	职工薪酬	折旧费	保险费	办公费	劳保费	水费	电费	蒸气费	空调费	修理费	其他	合计
月	日															

表5-25 辅助材料费用分配表-1

车间：纺纱车间（棉纱包装费）　　　2013年7月　　　　　　　单位：元

产品名称	产量（吨）	单位消耗定额	定额费用	分配率	分配金额
甲棉纱					
乙棉纱					
合计					

表5-26 辅助材料费用分配表-2

车间：织布车间（棉布包装费）　　　2013年7月　　　　　　　单位：元

产品名称	产量（百米）	单位消耗定额	定额费用	分配率	分配金额
甲棉布					
乙棉布					
合计					

表5-27 辅助材料费用分配表-3

车间：织布车间（浆料费）　　　2013年7月　　　　　　　单位：元

产品名称	产量（百米）	单位消耗定额	定额费用	分配率	分配金额
甲棉布					
乙棉布					
合计					

表5-28　发出材料汇总表

荆门市众和纺织有限公司　　　　　　　2013年7月　　　　　　　　单位：元

应借科目			应贷科目：原材料			
			主要材料	辅助材料	其他材料	合计
基本生产成本	纺纱车间	甲棉纱				
		乙棉纱				
		小　计				
	织布车间	甲棉布				
		乙棉布				
		小　计				
辅助生产成本	供电车间					
	供气车间					
	空调车间					
	维修车间					
	小　计					
制造费用	纺纱车间					
	织布车间					
	小　计					
合　计						

模块二 职工薪酬费用实训

一、实训目的

通过本次实训，要让学生熟练掌握职工薪酬费用的计算、汇总、分配的具体程序和步骤，特别要掌握将职工薪酬费用计入产品成本的方法，进一步领会"直接费用直接计入、间接费用分配计入"的含义，以便今后能够胜任工资核算岗位的会计工作。

二、公司职工薪酬分配政策

（一）工资基本组成

荆门市众和纺织有限公司的工资基本构成分为基准工资和考核工资两大部分。

1. 基准工资

基准工资是指职工的最低生活费标准，荆门市目前的基准工资为每月 280 元。

2. 考核工资

这是工资的核心部分，与效益、岗位挂钩，具体又有以下两种分配形式：

（1）计件工资：主要面向生产工人。对生产车间分品种核定产品单价，每月按产量核定车间集体计件工资总额，车间再根据生产工人个人产量计算个人计件工资。

（2）岗位工资：主要面向管理人员。各部门、科室结合其生产经营特点和工作性质将岗位工资的总额与职工的劳动质量和数量挂钩计发工资，公司按百分制打分确定科室的考核分配基数，科室再根据各人岗位不同，制定岗位考核细则并考核个人。

（二）工资结算标准

荆门市众和纺织有限公司的工资结算标准如表 5-29 所示。

表 5-29　工资结算标准表

单位：元

项　　目	单　位	金　额
基准工资	每人每月	280.00
厂龄工资	每人每月	50.00×到厂年数（上限 1000 元）
加班工资	每人每班次	50.00
中班补助	每人每班次	3.00
夜班补助	每人每班次	4.00
交通补贴	每人每月	50.00

（三）应付工资的计算

应付工资的计算公式为：

应付工资=基准工资+考核工资+厂龄工资+加班工资+补贴±考核加（扣）款

1. 关于岗位工资

车间主要管理人员的岗位工资分别为：车间主任 3000 元，轮班长 2200 元，记录工 1600 元。厂部及其他管理人员的岗位工资此处略。

2. 关于考核加（扣）款

考核加（扣）款主要包括：缺勤扣款、产品质量加（扣）款、生产操作加（扣）款、劳动纪律加（扣）款及其他加（扣）款等。

（1）事假扣款计算方法。

管理人员的扣款=事假天数÷本月应出勤天数×（基准工资+考核工资+厂龄工资）

生产工人的扣款=事假天数÷本月应出勤天数×（基准工资+厂龄工资）

（2）病假扣款计算方法。

管理人员的扣款=病假天数÷本月应出勤天数×考核工资

说明：因生产工人实行计件工资，其病假不扣款。每月应出勤天数按 22 天计算。

（四）职工福利费、"五险一金两费"的计提标准

众和公司严格遵守国家有关规定，按工资总额的一定比例计提职工福利费、医疗保险费、养老保险费、失业保险费、工伤保险费、生育保险费、住房公积金、工会经费和职工教育经费（本书中统称为福利险费）。具体计提标准见表 5-30。

表 5-30　福利险费计提标准表

费险名称	计提比例（%）	费险名称	计提比例（%）
职工福利费	10	生育保险费	0.8
医疗保险费	6	住房公积金	8
养老保险费	18	工会经费	2
失业保险费	1.5	职工教育经费	1.5
工伤保险费	0.5		

同时，公司按职工上年度月平均工资总额的 2%、8%、8%代扣职工个人应缴存的医疗保险费、养老保险费和住房公积金。

三、职工薪酬核算的原始资料

（1）纺纱车间职工厂龄情况见表 5-31，个人产量记录及计件工资见表 5-32，考勤情况见表 5-33，考核扣款情况见表 5-34，公司代扣款项见表 5-35。

表 5-31　职工厂龄统计表

姓名	厂龄（年）	姓名	厂龄（年）
王雪芬	21	杨小红	5
张悦	12	李佳	3
周舟	8	郑薇	4
……	……	……	……

表5-32　纺纱车间个人产量记录及计件工资计算表

2013 年 7 月　　　　　　　　　　　　　　　　　　单位：元

姓名	甲棉纱			乙棉纱			计件工资合计
	产量（千克）	单价（元/千克）	计件工资小计	产量（千克）	单价（元/千克）	计件工资小计	
杨小红	1000	0.85		850	1.10		
李佳	1200	0.85		900	1.10		
郑薇	950	0.85		920	1.10		
……	……	0.85	……	……	1.10	……	……
合计		0.85			1.10		

表5-33　纺纱车间考勤统计表

2013 年 7 月　　　　　　　　　　　　　　　　　　单位：天

岗位	姓名	出勤类别				缺勤类别	
		出勤	加班	中班	夜班	病假	事假
主任	王雪芬	22	3				
轮班长	张悦	20	2	8	10	2	
记录工	周舟	20	3	8	10		1
生产工人	杨小红	23	3	9	12		
生产工人	李佳	21	4	9	12	2	
生产工人	郑薇	20	3	8	10		1
……	……	……	……	……	……	……	……

表 5-34 纺纱车间考核扣款通知单

2013 年 7 月 单位：元

岗位	姓名	考核项目			
		产品质量	生产操作	劳动纪律	统计
主任	王雪芬				
轮班长	张悦			-30	
记录工	周舟				-20.00
生产工人	杨小红		-40		
生产工人	李佳	-20	-60		
生产工人	郑薇	-30	-40		
……	……	……	……	……	……

表 5-35 公司代扣款项统计表

2013 年 7 月 单位：元

姓名	房租	水费	电费
王雪芬			
张悦		17.50	128.00
周舟	15.00	15.00	125.00
杨小红	15.00	6.50	25.00
李佳	20.00	6.50	25.00
郑薇	20.00	6.50	25.00
……	……	……	……

（2）织布车间及其他科室的职工薪酬核算办法同纺纱车间，原始资料类似于纺纱车间，在此省略其原始资料和完整计算过程，只列示最终结果，具体数据见工资结算汇总表（表5-37）。

四、实训程序

（1）计算杨小红、李佳、郑薇3人的计件工资（见表5-32）。

（2）根据纺纱车间相关资料，计算王雪芬、张悦、周舟、杨小红、李佳、郑薇6人的应付工资及实发工资，并编制"纺纱车间工资结算单"（见表5-36）。

（3）根据"工资结算汇总表"（见表5-37）和"福利险费计提标准表"（见表5-30）编制"职工薪酬总额计算表"（见表5-38）。

（4）根据"职工薪酬总额计算表"编制"职工薪酬费用分配表"（见表5-39）。

（5）根据"职工薪酬费用分配表"和有关原始凭证编制记账凭证（02号凭证）并登账。

表 5-36　纺纱车间工资结算单

2013 年 7 月

单位：元

姓名	基准工资 (1)	考核工资 (2)	厂龄工资 (3)	加班工资 (4)	中班补助 (5)	夜班补助 (6)	交通补贴 (7)	考核加(扣)款 (8)	应付工资 (9)	房租 (10)	水费 (11)	电费 (12)	养老保险 (13)	医疗保险 (14)	公积金 (15)	个税 (16)	实发工资 (17)
王雪芬																	
张悦																	
周舟																	
杨小红																	
李佳																	
郑薇																	
……	……	……	……	……	……	……	……	……	……	……	……	……	……	……	……	……	……
合计	92400	616700	11040	5250	5360	6260	16500	-16260	737250	6800	3620	19260	58980	14745	58980	120	574745

注：1. 假设 (13)、(14)、(15) 均按职工当月应付工资总额计算，比例见前述"(四) 职工福利费，'五险一金费'的计提标准"，注意别与公司应计提的费用标准混淆了。

2. (16) 按现行个人所得税法规定计算。(参见附录内容)。

表 5-37　工资结算汇总表

2013 年 7 月

单位：元

部门	人员类别	职工人数	基准工资	考核工资	厂龄工资	加班工资	中班补助	夜班补助	交通补贴	考核加(扣)款	应付工资	房租	水费	电费	养老保险	医疗保险	公积金	个税	实发工资
纺纱车间	生产工人	300	84000	略							645900	略							
	管理人员	30	8400								91350								
	小计	330	92400								737250								
织布车间	生产工人	240	67200								517750								
	管理人员	24	6720								73080								
	小计	264	73920								590830								
辅助生产车间	供电车间	12	3360								27120								
	供气车间	8	2240								17920								
	空调车间	4	1120								9230								
	维修车间	16	4480								33920								
	小计	40	11200								88190								
专门机构销售人员		48	13440								136800								
行政管理人员		68	19040								196520								
合计		750	210000								1749590								

表5-38　职工薪酬总额计算表

2013年7月

单位：元

| 部门 | 人员类别 | 工资总额 | 福利费计提额 | | | | | | | | | | 险费小计 | 职工薪酬合计 |
			职工福利费（10%）	医疗保险费（6%）	养老保险费（18%）	失业保险费（1.5%）	工伤保险费（0.5%）	生育保险费（0.8%）	住房公积金（8%）	工会经费（2%）	职工教育经费（1.5%）		
纺纱车间	生产工人	645900											
	管理人员	91350											
	小计	737250											
织布车间	生产工人	517750											
	管理人员	73080											
	小计	590830											
辅助生产车间	供电车间	27120											
	供气车间	17920											
	空调车间	9230											
	维修车间	33920											
	小计	88190											
专门机构销售人员		136800											
行政管理人员		196520											
合计		1749590											

表5-39　职工薪酬费用分配表

2013 年 7 月　　　　　　　　　　　　　　　　　　单位：元

应借科目		成本项目	直接计入	分配计入			合计
				定额费用	分配率	分配金额	
基本生产成本	纺纱车间 甲棉纱	直接人工					
	乙棉纱	直接人工					
	小　计						
	织布车间 甲棉布	直接人工					
	乙棉布	直接人工					
	小　计						
辅助生产成本	供电车间	职工薪酬					
	供气车间	职工薪酬					
	空调车间	职工薪酬					
	维修车间	职工薪酬					
	小　计						
制造费用	纺纱车间	职工薪酬					
	织布车间	职工薪酬					
	小　计						
销售费用		职工薪酬					
管理费用		职工薪酬					
合　　计							

模块三 其他费用分配实训

一、实训目的

通过本次实训，使学生充分了解其他费用归集和分配的程序，熟练掌握其他费用直接或间接计入产品成本的方法。

二、其他费用的内容

荆门市众和纺织有限公司的其他费用主要有折旧费、邮电费、印刷费、图书资料费、办公用品费、试验检验费、排污费、差旅费、保险费、利息、费用性税金等。

三、其他费用的核算方法

根据其他费用发生的地点和用途，按照权责发生制原则，其他费用的核算方法如下：

（1）有的应计入产品成本，借记"制造费用"账户。

（2）有的应计入当期损益，借记"管理费用"、"财务费用"和"销售费用"账户。

（3）有的应计入待摊、预提性质的账户，如"预付账款"、"应付利息"等。

四、其他费用分配实训资料

荆门市众和纺织有限公司本月发生的其他费用有关资料如下。

（一）固定资产折旧费

（1）公司 2013 年 6 月固定资产折旧费用计提表见表 5-40。

表 5-40　固定资产折旧费用计提表

2013 年 6 月　　　　　　　　　　　　　　　单位：元

使用部门	房屋建筑物（4‰）		机器设备（8‰）		其他设备（10‰）		折旧额合计
	月初原值	折旧额	月初原值	折旧额	月初原值	折旧额	
纺纱车间	8281330	33125.32	12567850	100542.80	562340	56234	189902.12
织布车间	9536560	38146.24	12362560	98900.48	458750	45875	182921.72
供电车间	563960	2255.84	452360	3618.88			5874.72
供气车间	265850	1063.40	153240	1225.92			2289.32
空调车间	125450	501.80	156480	1251.84			1753.64
维修车间	526900	2107.60	286560	2292.48			4400.08
专设销售机构	458600	1834.40	468540	3748.32	56850	5685	11267.72
行政管理部门	19858680	79434.72	5684900	45479.20	1256870	125687	250600.92
合　计	39617330	158469.32	32132490	257059.92	2334810	233481	649010.24

（2）2013 年 6 月 25 日，纺纱车间、织布车间分别购入一批生产设备，原值分别为 185000 元和 165300 元，9 月 30 日行政管理部门和专设销售机构分别报废一批电脑，原值分别为 21800 元和 5600 元，已提折旧分别为 18450 元和 4320 元。

（3）2013 年 7 月 18 日，纺纱车间、织布车间分别购入一批生产设备，原值分别为 152000 元和 104000 元。7 月 31 日行政管理部门报废一辆小汽车，原值为 258000 元，已提折旧 242000 元，残值收入 7000 元。

（二）除折旧费以外的其他费用

（1）2013 年 7 月 4 日开出一张现金支票，用于向中国人民财产保险公司荆门分公司支付 2013 年 7 月至 2014 年 6 月基本生产车间财产保险机损险保费 12350 元，其中，纺纱车间 5680 元、织布车间 6670 元。

表 5-41

中国工商银行

现金支票存根

Ⅶ Ⅱ 01016695

科　　目 ＿＿＿＿＿＿＿＿

对方科目 ＿＿＿＿＿＿＿＿

出票日期 2013 年 7 月 1 日

收款人 <u>人保荆门分公司</u>

金　　额　　¥12350.00

用　　途　　保险费

单位主管：　会计：

表 5-42

湖北省保险业专用发票

INSURANCE TRADE INVOICE OF HUBEI

发 票 联

INVOICE

发票代码：244000830022

发票号码：08417184

开票日期：2013 年 7 月 4 日

Date of Issue

付款人：荆门市众和纺织有限公司

Payer _____

承保险种：机损险

Coverage _____

保险单号：AWUHA5523405000010W   批单号：无

Policy No. _____   End No. _____

保险费金额：（大写）人民币壹万贰仟叁佰伍拾圆整   （小写）RMB12350.00

Premium Amount（In Words）_____ （In Figures）_____

附注：

Remarks _____

保险公司名称：中国人民财产保险公司荆门支公司   复核：王红   经手人：李军

Insurance Company   Checked by   Hander

保险公司签章：   地址：   电话：

Stamped by Insurance Company   Add   Tel

保险公司纳税人识别号：   （手写无效）

（2）2013 年 7 月 5 日，填写一张现金支票支付业务招待费 9000 元（100 元面额的发票 90 张）。其中，公司行政管理部门、纺纱车间、织布车间、供电车间分别应负担 3500 元、3000 元、2000 元、500 元。

表 5-43

中国工商银行

现金支票存根

VII II 01016681

科　　目 _____

对方科目 _____

出票日期 2013 年 7 月 5 日

收款人 好再来饭店 _____

金　　额 ￥9000.00 _____

用　　途 招待费 _____

单位主管：　会计：

表 5-44

荆门市饮食娱乐业定额统一发票

发 票 联

发票代码：242010971501

发票号码：00096307

密码：

壹佰元　　￥100.00

收款单位盖发票专用章有效

（3）公司于 2013 年 7 月 6 日以现金 800 元、银行存款 12500 元支付 2013 年下半年的《荆门日报》、《楚天都市报》、《中国纺织报》等报纸订阅费，其中纺纱车间和织布车间应分别负担 1250 元和 2550 元，其余由行政管理部门负担。

表 5-45

荆门日报社报纸发行统一发票鄂国税 F（2013）

客户名：荆门市众和纺织有限公司   No. 0206523

地 址：   2013 年 7 月 6 日

报纸名称	订阅份数	单价	起止订期				金 额						
			月	季	半年	全年	万	千	百	十	元	角	分
荆门日报	10	80			√		¥	8	0	0	0	0	

合计金额（大写）   ⊗捌佰元整   ¥800.00

订户需知   1. 本发票必须复写，否则无效。

　　　　　　2. 未加盖本单位公章和收费员签名无效。

　　　　　　　　　　　　　单位公章   收款人：李丽

表 5-46

荆门市邮政通信业发票

　　　　　　　　　　　　　　　　发票代码：242060440123

　　　　　　　　　发 票 联   发票号码：0016583

客户名称：荆门市众和纺织公司   2013 年 7 月 6 日

序 号	经营范围	单 位	数 量	单 价	金 额							
					十	万	千	百	十	元	角	分
	报纸杂志费					¥	1	2	5	0	0	0	0

合计金额（大写）   ⊗壹万贰仟伍佰元整   ¥12500.00

开票人：金鑫   收款人：季红

（4）2013 年 7 月 10 日发放劳保用品 75000 元。

表 5-47　劳保用品发放汇总表

2013 年 7 月

部门	数量 （套）	单价 （元）	金额 （元）
纺纱车间	330	100.00	33000.00
织布车间	264	100.00	26400.00
供电车间	12	100.00	1200.00
供气车间	8	100.00	800.00
空调车间	4	100.00	400.00
维修车间	16	100.00	1600.00
专设销售机构	48	100.00	4800.00
行政管理部门	68	100.00	6800.00
合计	750	100.00	75000.00

（5）2013 年 7 月 20 日用银行存款支付荆门市大桥印刷厂为织布车间印刷标识卡发生的相关费用 2600 元、增值税进项税额 156 元，共计 2756 元。

表 5-48

增 值 税 专 用 发 票

42000042180

No. 00185056

代开

发 票 联

开票日期：2013 年 7 月 20 日

购货单位	名　　　称：荆门众和纺织有限公司 纳税人识别号：42080021300082 地　址、电　话：荆门市月亮湖北路 36 号 2337923 开户行及账号：工行东宝支行 18010140092210000630	密码区					
货物或应税劳务名称	规格型号	单位	数量	单价	金　额	税率	税额
印刷标识卡					2600	6%	156
合　　　计					￥2600.00		￥156.00

价税合计（大写）⊗贰仟柒佰伍拾陆元整　　　　　　　　（小写）￥2756.00

销货单位	名　　　称：荆门市国税局东宝分 局（代开机关） 纳税人识别号： 地　址、电　话： 开户行及账号：	备注	代开企业税号： 42080021300134 名称：荆门市大桥印刷厂

收款人：　　　　　复核：　　　　　开票人：　　　　　销货单位：（章）

（6）2013 年 7 月 25 日以现金支付纺纱车间办公用品费 308 元。

表 5-49

荆门市人民商场发票

发票代码：142010664158

发 票 联

发票号码：01100926

购货单位：荆门众和

2013 年 7 月 25 日

货号	品 名 规 格	单位	数量	单价	金 额						
					万	千	百	十	元	角	分
	计算器	台	1	108			1	0	8	0	0
	文件夹	个	10	20			2	0	0	0	0
合计（大写）⊗万⊗仟叁佰零捌元整					¥	3	0	8	0	0	

收款人：　　　　　　　　　　　经手人：

（7）2013 年 7 月 31 日银行划付水费 4028 元，其中纺纱车间、织布车间、供电车间、供气车间、空调车间、维修车间应分别负担水费 954 元、795 元、318 元、212 元、106 元、636元，其余由管理部门负担。

表 5-50

中国工商银行
现金支票存根
Ⅶ Ⅱ 01016689

科　　目 ＿＿＿＿＿＿
对方科目 ＿＿＿＿＿＿
出票日期 2013 年 7 月 31 日
收款人　荆门市自来水公司
金　　额　¥4028.00
用　　途　7 月水费
单位主管：　会计：

表 5-51

增 值 税 专 用 发 票

42000042175　　　　　　　　　　　　　　　　　　　　　　　No. 00186426

发票联　　　　　　开票日期：2013 年 7 月 31 日

<table>
<tr>
<td rowspan="5">购货单位</td>
<td>名　　　　　称：荆门众和纺织有限公司</td>
<td rowspan="5">密码区</td>
</tr>
<tr><td>纳税人识别号：42080021300082</td></tr>
<tr><td>地　址 、电　话：荆门市月亮湖北路 36 号 2337923</td></tr>
<tr><td>开户行及账号：工行东宝支行</td></tr>
<tr><td>18010140092210000630</td></tr>
</table>

货物或应税劳务名称	规格型号	单位	数量	单价	金　额	税率	税额
自来水		吨	1520	2.50	3800.00	6%	228.00
合　　计					￥3800.00		￥228.00

价税合计（大写）⊗肆仟零贰拾捌元整　　　　　　（小写）￥4028.00

<table>
<tr>
<td rowspan="4">销货单位</td>
<td>名　　　　　称：荆门市自来水公司</td>
<td rowspan="4">备注</td>
</tr>
<tr><td>纳税人识别号：</td></tr>
<tr><td>地　址 、电　话：</td></tr>
<tr><td>开户行及账号：</td></tr>
</table>

收款人：　　　　　复核：　　　　　开票人：　　　　　销货单位：（章）

五、实训程序

（1）编制2013年7月增减固定资产的记账凭证（03、04号凭证）［注：6月增减固定资产的记账凭证已于6月编制，本月不需编制］。

（2）计算、填写2013年7月"固定资产折旧费用计提表"（见表5-52，注意当月增减的固定资产不影响当月折旧的计提）和"固定资产折旧费用分配表"（见表5-53），并编制记账凭证（05号凭证）及登账。

（3）根据除折旧费以外的其他费用单据编制记账凭证（06～14号凭证）并登账。

表5-52　固定资产折旧费用计提表

2013年7月　　　　　　　　　　　　单位：元

使用部门	房屋建筑物（4‰）		机器设备（8‰）		其他设备（10‰）		折旧额合计
	月初原值	折旧额	月初原值	折旧额	月初原值	折旧额	
纺纱车间							
织布车间							
供电车间							
供气车间							
空调车间							
维修车间							
专设销售机构							
行政管理部门							
合　计							

表5-53　固定资产折旧费用分配表

2013 年 7 月

应借科目	车间部门	本月固定资产折旧费
制造费用	纺纱车间	
	织布车间	
	小　计	
辅助生产成本	供电车间	
	供气车间	
	空调车间	
	维修车间	
	小　计	
销售费用	专设销售机构	
管理费用	行政管理部门	
合　计		

模块四　辅助生产费用实训

一、实训目的

通过本次实训，使学生熟悉辅助生产费用归集的程序，了解辅助生产车间与基本生产车间之间的关系，熟练掌握辅助生产费用的分配方法及账务处理。

二、实训资料

荆门市众和纺织有限公司有供电、供气、空调、维修四个辅助生产车间，2013 年 7 月辅助生产车间发生的各项费用和支出除了已在模块一、模块二、模块三中列示的项目外，尚有以下部分内容。

1. 外购材料（商品）

供电车间：从荆门市供电局购进电力 80850 度，金额 48510 元（不含税价格），以银行存款支付。

供气车间：从荆门热电厂购进蒸气 285 吨，金额 25650 元（不含税价格），以银行存款支付。

表 5-54

42000042175

增 值 税 专 用 发 票

No. 00186358

发 票 联　　　　开票日期：2013 年 7 月 1 日

<table>
<tr><td rowspan="6">购货单位</td><td colspan="5">名　　　　称：荆门众和纺织有限公司</td><td rowspan="6">密码区</td><td></td></tr>
<tr><td colspan="5">纳税人识别号：42080021300082</td><td></td></tr>
<tr><td colspan="5">地 址 、电 话：荆门市月亮湖北路 36 号</td><td></td></tr>
<tr><td colspan="5">2337923</td><td></td></tr>
<tr><td colspan="5">开户行及账号：工行东宝支行</td><td></td></tr>
<tr><td colspan="5">18010140092210000630</td><td></td></tr>
<tr><td>货物或应税劳务名称</td><td>规格型号</td><td>单位</td><td>数量</td><td>单价</td><td>金　额</td><td>税率</td><td>税　额</td></tr>
<tr><td>电力</td><td></td><td>度</td><td>80850</td><td>0.60</td><td>48510.00</td><td>17%</td><td>8246.70</td></tr>
<tr><td></td><td></td><td></td><td></td><td></td><td></td><td></td><td></td></tr>
<tr><td></td><td></td><td></td><td></td><td></td><td></td><td></td><td></td></tr>
<tr><td></td><td></td><td></td><td></td><td></td><td></td><td></td><td></td></tr>
<tr><td>合　　计</td><td></td><td></td><td></td><td></td><td>￥48510.00</td><td></td><td>￥8246.70</td></tr>
<tr><td colspan="6">价税合计（大写）⊗伍万陆仟柒佰伍拾陆元柒角整</td><td colspan="2">（小写）￥56756.70</td></tr>
<tr><td rowspan="4">销货单位</td><td colspan="5">名　　　　称：荆门市供电局</td><td rowspan="4">备注</td><td></td></tr>
<tr><td colspan="5">纳税人识别号：</td><td></td></tr>
<tr><td colspan="5">地 址 、电 话：</td><td></td></tr>
<tr><td colspan="5">开户行及账号：</td><td></td></tr>
</table>

收款人：　　　　复核：　　　　开票人：　　　　销货单位：（章）

第二联　发票联　购货方记账凭证

表 5-55

42000042432

增 值 税 专 用 发 票

No. 00187523

发 票 联　　　　　　开票日期：2013 年 7 月 3 日

<table>
<tr><td rowspan="6">购货单位</td><td colspan="4">名　　　称：荆门众和纺织有限公司</td><td rowspan="6">密码区</td></tr>
<tr><td colspan="4">纳税人识别号：42080021300082</td></tr>
<tr><td colspan="4">地 址 、电话：荆门市月亮湖北路 36 号</td></tr>
<tr><td colspan="4">2337923</td></tr>
<tr><td colspan="4">开户行及账号：工行东宝支行</td></tr>
<tr><td colspan="4">18010140092210000630</td></tr>
</table>

货物或应税劳务名称	规格型号	单位	数量	单价	金 额	税率	税 额
蒸气		吨	285	90.00	25650.00	13%	3334.50
合　　计					￥25650.00		￥3334.50

价税合计（大写）⊗贰万捌仟玖佰捌拾肆元伍角整　　　　（小写）￥28984.50

<table>
<tr><td rowspan="4">销货单位</td><td colspan="3">名　　　称：荆门市热电厂</td><td rowspan="4">备注</td></tr>
<tr><td colspan="3">纳税人识别号：</td></tr>
<tr><td colspan="3">地 址 、电话：</td></tr>
<tr><td colspan="3">开户行及账号：</td></tr>
</table>

收款人：　　　　复核：　　　　开票人：　　　　销货单位：（章）

表 5-56

```
中国工商银行
现金支票存根
ⅦⅡ01016685
科　　　目＿＿＿＿＿＿
对方科目＿＿＿＿＿＿
出票日期 2013 年 7 月 1 日
收款人　荆门市供电局
金　　额　￥56756.70
用　　途　7 月电费
单位主管：　会计：
```

表 5-57

```
中国工商银行
现金支票存根
ⅦⅡ01016710
科　　　目＿＿＿＿＿＿
对方科目＿＿＿＿＿＿
出票日期 2013 年 7 月 3 日
收款人　荆门市热电厂
金　　额　￥28984.50
用　　途　7 月蒸气费
单位主管：　会计：
```

2. 辅助生产车间产品、劳务供应情况

表 5-58　辅助生产车间产品劳务供应汇总表

2013 年 7 月

受益对象		产品劳务项目	供电（度）	供气（吨）	空调（工时）	修理（工时）
辅助生产车间		供电车间				65
		供气车间	580			80
		空调车间	750			70
		修理车间	2040			
基本生产车间	纺纱车间	产品生产	25480			
		一般耗用	1700	30	280	335
	织布车间	产品生产	22500	180		
		车间耗用	1850	40	240	410
专设销售机构			1450			
行政管理部门			24500	35		
合　计			80850	285	520	960

三、实训程序

（1）根据实训资料编制外购电力、蒸气的记账凭证（15、16 号凭证）［提示：别忘记了增值税］并登记"辅助生产成本"总账及明细账。

（2）汇总"辅助生产成本"各明细账本月发生额及余额，确定其各自应当对外分配的费用总额。

（3）计算并填写"辅助生产费用分配表"（见表 5-59）［提示：公司选用的是直接分配法］。

（4）将纺纱车间、织布车间产品应负担的辅助生产费用按定额消耗量比例分配法在不同产品之间进行分配，编制"基本生产车间辅助生产费用分配表"（见表 5-60、表 5-61）。

（5）根据"辅助生产费用分配表"和"基本生产车间辅助生产费用分配表"编制记账凭证（17 号凭证）并登账。

（6）对"辅助生产成本"总账及明细账按规定进行结转（见表 5-13、表 5-19、表 5-20、表 5-21、表 5-22）。

表 5-59　辅助生产费用分配表

2013 年 7 月

单位：元

受益对象	产品劳务项目	供电（度）			供气（吨）			空调（工时）			修理（工时）			合计
		数量	分配率	金额	数量	分配率	金额	数量	分配率	金额	数量	分配率	金额	
辅助生产车间	供电车间										130			
	供气车间	580									160			
	空调车间	750									140			
	修理车间	2040												
基本生产车间	纺纱车间 产品生产	25480			30									
	纺纱车间 一般耗用	1700			180			740			670			
	织布车间 产品生产	22480			40									
	织布车间 一般耗用	1870						740			720			
专设销售机构		1450			35									
行政管理部门		24500												
合　计		80850			285			1480			1820			

表 5-60　基本生产车间辅助生产费用分配表-1

车间：纺纱车间　　　　　　　　　　2013 年 7 月　　　　　　　　　　单位：元

产品名称	产量（吨）	单位消耗定额	定额费用	分配率	应分配的费用
甲棉纱					
乙棉纱					
合计					

表 5-61　基本生产车间辅助生产费用分配表-2

车间：织布车间　　　　　　　　　　2013 年 7 月　　　　　　　　　　单位：元

产品名称	产量（百米）	单位消耗定额	定额费用	分配率	分配金额
甲棉布					
乙棉布					
合计					

模块五　制造费用实训

一、实训目的

通过本次实训，使学生熟悉制造费用的归集程序，了解制造费用与要素费用之间的关系，熟练掌握制造费用的分配方法及账务处理。

二、实训资料

荆门市众和纺织有限公司基本生产车间（纺纱车间、织布车间）2013 年 7 月所发生的制造费用如模块一、模块二、模块三、模块四资料所述。

三、实训程序

（1）对纺纱车间、织布车间的"制造费用"进行汇总，求出其本月发生额及余额。

（2）编制"制造费用分配表"（见表 5-62、表 5-63），按定额成本比例法将纺纱车间、织布车间的"制造费用"分别在不同产品中进行分配。

（3）根据"制造费用分配表"编制记账凭证（18 号凭证）并登记"基本生产成本"总账和明细账。

（4）根据"制造费用分配表"编制的记账凭证登记"制造费用"总账和明细账并进行结转（见表 5-14、表 5-23、表 5-24）。

表 5-62   制造费用分配表-1

车间：纺纱车间   2013 年 7 月   单位：元

产品名称	产量（吨）	单位消耗定额	定额费用	分配率	分配金额
甲棉纱					
乙棉纱					
合计					

表 5-63　制造费用分配表-2

车间：织布车间　　　　　　　　　　2013 年 7 月　　　　　　　　　　单位：元

产品名称	产量（百米）	单位消耗定额	定额费用	分配率	分配金额
甲棉布					
乙棉布					
合计					

模块六　生产费用在完工产品和期末在产品之间的分配实训

一、实训目的

通过本次实训，使学生熟练掌握生产费用在完工产品和在产品之间的分配程序、方法和步骤，并进一步体会费用的横向分配与纵向分配之间的异同与关系。

二、实训资料

荆门市众和纺织有限公司基本生产车间（纺纱车间、织布车间）2013 年 7 月所发生的生产费用如模块一、模块二、模块三、模块四、模块五资料所述。

三、实训程序

（1）将"基本生产成本——纺纱车间——甲棉纱"明细账（见表5-15）的生产费用进行汇总，求出其生产费用累计数，并在本工序完工产品和在产品之间进行分配，求出完工产品成本〔提示：采用约当产品比例法，注意原材料的投料方式，直接人工、制造费用等的完工程度的确定。后同〕。

（2）将"基本生产成本——纺纱车间——乙棉纱"明细账（见表5-16）的生产费用进行汇总，求出其生产费用累计数，并在本工序完工产品和在产品之间进行分配，求出完工产品成本。

（3）将甲棉纱、乙棉纱的完工产品作为"自制半成品"验收入库，填写"自制半成品入库单"（见表5-64），填制记账凭证（19号凭证）并结转基本生产成本总账及明细账（见表5-12、表5-15、表5-16）〔提示：棉纱不是最终的产成品，入库时的记账凭证中的科目不能用"库存商品"〕。

表5-64　自制半成品（产成品）入库单

存放地点：东1仓库　　　　　　　2013年7月　　　　　　　单位：元

生产车间	产品名称	入库数量（千克）	单位成本	总成本
纺纱车间	甲棉纱			
	乙棉纱			
合计				

模块七　产品成本计算的分步法实训

一、实训目的

通过本次实训，使学生熟悉产品成本计算的基本方法和一般程序，掌握在完工产品和期末在产品之间分配费用的方法，并掌握产品成本计算的基本方法之一——分步法的特点和方法，从而更进一步熟练掌握品种法的应用。

二、实训资料

荆门市众和纺织有限公司 2013 年 7 月基本生产车间所发生的生产费用，除模块一、模块二、模块三、模块四、模块五以及模块六资料中所述之外，织布车间还从半成品仓库领用了自制半成品棉纱。

1. 自制半成品棉纱月初结存情况

甲棉纱期初结存 67120 千克，单位成本 19.80 元/千克；乙棉纱期初结存 71980 千克，单位成本 18.60 元/千克。

2. 织布车间本期领用自制半成品棉纱情况

本期为生产甲棉布共领用棉纱 137640 千克，其中甲棉纱59220 千克、乙棉纱 78420 千克；本期为生产乙棉布共领用棉纱123080 千克，其中甲棉纱 63530 千克、乙棉纱 59550 千克。

三、实训程序

(1) 采用加权平均法计算发出自制半成品单价并填制"自制半成品明细账"(见表5-65、表5-66)。

(2) 根据"自制半成品明细账"编制织布车间本月"领用自制半成品汇总表"(见表5-67)。

(3) 根据"领用自制半成品汇总表"编制记账凭证(20号凭证)并登记"基本生产成本"总账及明细账。

(4) 将"基本生产成本——织布车间——甲棉布"明细账(见表5-17)的生产费用进行汇总,求出其生产费用累计数,并在完工产品和在产品之间进行分配,求出完工产品成本[提示:完工产品在分配应负担费用时,其产量用重量,在入库计算单位成本时,其产量用长度。下同]。

(5) 将"基本生产成本——织布车间——乙棉布"明细账(见表5-18)的生产费用进行汇总,求出其生产费用累计数,并在完工产品和在产品之间进行分配,求出完工产品成本。

(6) 将甲棉布、乙棉布的完工产品验收入库,填写"产成品入库单"(见表5-68),填制记账凭证(21号凭证)并结转"基本生产成本"总账及明细账(见表5-12、表5-17、表5-18)。

表 5-65　自制半成品明细账

产品：甲棉纱　　　　　　　　　　　2013 年 7 月　　　　　　　　　　　单位：元

2013 年		凭证号数	摘要	收入		发出		结存	
月	日			数量（千克）	金额	数量（千克）	金额	数量（千克）	金额
		略	月初余额						
			本月入库						
			本月领用						
			本月合计						

表 5-66　自制半成品明细账

产品：乙棉纱　　　　　　　　　　　2013 年 7 月　　　　　　　　　　　单位：元

2013 年		凭证号数	摘要	收入		发出		结存	
月	日			数量（千克）	金额	数量（千克）	金额	数量（千克）	金额
		略	月初余额						
			本月入库						
			本月领用						
			本月合计						

表5-67　领用自制半成品汇总表

生产车间：织布车间　　　　　　　　2013 年 7 月　　　　　　　　单位：元

半成品＼产品	甲棉纱			乙棉纱			合计	
	数量（千克）	单位成本	金额	数量（千克）	单位成本	金额	数量（千克）	金额
甲棉布								
乙棉布								
合计								

表5-68　产成品入库单

存放地点：西 1 仓库　　　　　　　　2013 年 7 月　　　　　　　　单位：元

生产车间	产品名称	入库数量（百米）	单位成本	总成本
织布车间	甲棉布			
	乙棉布			
合 计				

第六章　成本报表编制实训

一、实训目的

通过本次实训，使学生熟悉成本报表及其编制依据，并熟练掌握主要成本报表的编制程序和方法。

二、实训资料

荆门市众和纺织有限公司基本生产车间（纺纱车间、织布车间）2013 年 7 月所发生的全部生产费用如第五章七个模块资料所述。

三、实训程序

根据上述资料，完成荆门市众和纺织有限公司 2013 年 7 月制造费用明细表、商品产品成本表、主要产品单位成本表的编制工作（分别见表 6-1、表 6-2、表 6-3）。

表6-1   制造费用明细表

2013 年 7 月   单位：元

费用项目	上年实际	本年计划	本月实际	本年累计实际
机物料消耗				
职工工资				
其他职工薪酬				
折旧费				
保险费				
办公费				
劳保费				
水费				
电费				
蒸气费				
空调费				
修理费				
停工损失				
其他				
合计				

表6-2 商品产品成本表

编制单位：荆门市众和纺织有限公司　　2013 年 7 月　　　　　　　　　　单位：元

产品名称	计量单位	实际产量		单位成本				本月总成本			本年累计总成本		
		本月	本年累计	上年实际平均	本年计划	本月实际	本年累计实际平均	按上年实际平均单位成本计算	按本年计划单位成本计算	本月实际	按上年实际平均单位成本计算	按本年计划单位成本计算	本年实际
		(1)	(2)	(3)	(4)	(5)=(9)/(1)	(6)=(12)/(2)	(7)=(1)×(3)	(8)=(1)×(4)	(9)	(10)=(2)×(3)	(11)=(1)×(3)	(12)
产品成本合计													

表 6-3　主要产品单位成本表

编制单位：荆门市众和纺织有限公司　　　　2013 年 7 月　　　　单位：元

产品名称	规格	计量单位	产量		直接材料					直接人工					制造费用					产品单位成本				
			本月实际	本年累计实际	历史先进水平	上年实际平均	本年计划	本月实际	本年累计实际平均	历史先进水平	上年实际平均	本年计划	本月实际	本年累计实际平均	历史先进水平	上年实际平均	本年计划	本月实际	本年累计实际平均	历史先进水平	上年实际平均	本年计划	本月实际	本年累计实际平均
(1)	(2)	(3)	(4)	(5)	(6)	(7)	(8)	(9)	(10)	(11)	(12)	(13)	(14)	(15)	(16)	(17)	(18)	(19)	(20)	(21)	(22)	(23)	(24)	(25)

第三部分

参考答案

一、先导案例——品种法实训参考答案

表3-3　材料费用分配表

2013 年 7 月　　　　　　　　　　　　　　　　　　单位：元

应借科目		直接计入金额	分配计入金额			合计
			产品产量（吨）	分配率	分配金额	
生产成本——基本生产成本	高炉灌浆料	158320	400	11.7857	4714.28	163034.28
	烧嘴浇注料	1221870	300		3535.72	1225405.72
小　　计		1380190			8250	1388440
生产成本——辅助生产成本	运输车间	5680				5680
制造费用		1370				1370
合　　计		1387240			8250	1395490

会计分录（01 号凭证）

　　借：生产成本——基本生产成本——高炉灌浆料　　163034.28

　　　　　　　　　　　　　　　　——烧嘴浇注料　　1225405.72

　　　　　　　——辅助生产成本——运输车间　　　　　5680

　　制造费用　　　　　　　　　　　　　　　　　　　1370

　　贷：原材料　　　　　　　　　　　　　　1395040 (1395490-450)

　　　　应付账款——水务公司　　　　　　　　　　450

表 3-4 　职工薪酬费用分配表

2013 年 7 月   单位：元

应借科目		直接计入金额	分配计入金额			合计
			生产工人工时（小时）	分配率	分配金额	
生产成本——基本生产成本	高炉灌浆料		9600	8.5659	82232.64	82232.64
	烧嘴浇注料		7700		65957.36	65957.36
	小　计		17300		148190	148190
生产成本——辅助生产成本	运输车间	75040				75040
制造费用		12992				12992
管理费用		353948				353948
合　计		441980			148190	590170

会计分录（02 号凭证）

　　借：生产成本——基本生产成本——高炉灌浆料　82232.64

　　　　　　　　　　　　　　　　——烧嘴浇注料　65957.36

　　　　　　——辅助生产成本——运输车间　75040

　　　制造费用　12992

　　　管理费用　353948

　　　　贷：应付职工薪酬　　　　　　　　　　590170

表 3-5　电费分配表

2013 年 7 月　　　　　　　　　　　　　　　　　单位：元

应借科目		直接计入金额	分配计入金额			合计
			机器工时（小时）	分配率	分配金额	
生产成本——基本生产成本	高炉灌浆料		3060	4.1577	12722.56	12722.56
	烧嘴浇注料		2520		10477.44	10477.44
	小　计		5580		23200	23200
生产成本——辅助生产成本	运输车间	5200				5200
制造费用		2300				2300
管理费用		9800				9800
合　计		17300			23200	40500

会计分录（03 号凭证）

借：生产成本——基本生产成本——高炉灌浆料　12722.56

　　　　　　　　　　　　　——烧嘴浇注料　10477.44

　　　　——辅助生产成本——运输车间　　5200

　制造费用　　　　　　　　　　　　2300

　管理费用　　　　　　　　　　　　9800

　　贷：应付账款——电力公司　　　　　　　　40500

表 3-6　水费分配表

2013 年 7 月　　　　　　　　　　　　　　单位：元

应借账户	分配金额
生产成本——辅助生产成本——运输车间	780
制造费用	630
管理费用	2640
合　　　计	4050

会计分录（04 号凭证）

　　　借：生产成本——辅助生产成本——运输车间　780

　　　　　制造费用　　　　　　　　　　　　　　630（450 元为直接费用，不能计入）

　　　　　管理费用　　　　　　　　　　　　　　2640

　　　　　贷：应付账款——水务公司　　　　　　4050（有 450 元已计入 01 号凭证中）

表 3-7　折旧费用计提表

2013 年 7 月　　　　　　　　　　　　　　单位：元

应借账户	月应提折旧额
生产成本——辅助生产成本——运输车间	8820
制造费用	10540
管理费用	6780
合　　　计	26140

会计分录（05 号凭证）

　　　借：生产成本——辅助生产成本——运输车间　　　8820

　　　　　制造费用　　　　　　　　　　　　　　　　　10540

　　　　　管理费用　　　　　　　　　　　　　　　　　6780

　　　　　贷：累计折旧　　　　　　　　　　　　　　　26140

表 3-8　财产保险费摊销表

2013 年 7 月　　　　　　　　　　　　　　　　单位：元

应借账户	月摊销额
生产成本——辅助生产成本——运输车间	2610
制造费用	3190
管理费用	4020
合　　计	9820

会计分录（06 号凭证）

　　借：生产成本——辅助生产成本——运输车间　　　　2610
　　　　制造费用　　　　　　　　　　　　　　　　　　3190
　　　　管理费用　　　　　　　　　　　　　　　　　　4020
　　　　贷：预付账款——保险公司　　　　　　　　　　　　　9820

表 3-9　其他费用汇总分配表

2013 年 7 月　　　　　　　　　　　　　　　　单位：元

应借账户	办公费	路桥费	修理费	汽油费	交通费	招待费	合计
辅助生产成本——运输车间	120	845	3400	8230			12595
制造费用	1930		480				2410
管理费用	3910				160	3200	7270
合　　计	5960	845	3880	8230	160	3200	22275

会计分录（07 号凭证）

　　借：生产成本——辅助生产成本——运输车间　　　　12595
　　　　制造费用　　　　　　　　　　　　　　　　　　2410
　　　　管理费用　　　　　　　　　　　　　　　　　　7270
　　　　贷：库存现金　　　　　　　　　　　　　　　　　　2315
　　　　　　银行存款　　　　　　　　　　　　　　　　　　19960

表 3–10 辅助生产成本明细账

车间名称：运输车间   2013 年 7 月   单位：元

| 2013 年 | | 凭证号数 | 摘要 | 机物料 | 职工薪酬 | 电费 | 水费 | 折旧费 | 保险费 | 路桥费 | 办公费 | 修理费 | 汽油费 | 合计 |
月	日													
		01		5680										5680
		02			75040									75040
		03				5200								5200
		04					780							780
		05						8820						8820
		06							2610					2610
		07								845	120	3400	8230	12595
			合计	5680	75040	5200	780	8820	2610	845	120	3400	8230	110725
		08	结转	5680	75040	5200	780	8820	2610	845	120	3400	8230	110725

表 3–11 辅助生产费用分配表

车间名称：运输车间   2013 年 7 月   单位：元

应借账户	费用项目	耗用劳务数量（公里）	分配率	分配额
制造费用	运输费	18400	4.429	81493.60
管理费用	运输费	6600		29231.40
合计		25000		110725

会计分录（08 号凭证）

借：制造费用   81493.60

    管理费用   29231.40

    贷：生产成本——辅助生产成本——运输车间   110725

表3-12　制造费用明细账

2013 年 7 月　　　　　　　　　　　　　　　　单位：元

2013 年 月	日	凭证号数	摘 要	机物料	职工薪酬	电费	水费	折旧费	保险费	办公费	修理费	运输费	合计
		01	略	1370									1370
		02			12992								12992
		03				2300							2300
		04					630						630
		05						10540					10540
		06							3190				3190
		07								1930	480		2410
		08										81493.6	81493.6
			合 计	1370	12992	2300	630	10540	3190	1930	480	81493.6	114925.6
		09	结转	1370	12992	2300	630	10540	3190	1930	480	81493.6	114925.6

表3-13　制造费用分配表

2013 年 7 月　　　　　　　　　　　　　　　　单位：元

应借账户		生产工人工时（小时）	分配率	分配额
生产成本——	高炉灌浆料	9600	6.6431	63773.76
基本生产成本	烧嘴浇注料	7700		51151.84
合 计		17300		114925.60

会计分录（09 号凭证）

借：生产成本——基本生产成本——高炉灌浆料　63773.76
　　　　　　　　　　　　　　——烧嘴浇注料　51151.84
　　贷：制造费用　　　　　　　　　　　　　114925.60

表 3-14　产品成本明细账

产品名称：高炉灌浆料　　　　　产量：400 吨

2013 年 7 月　　　　　　　　　　　　单位：元

2013 年		凭证号数	摘　要	直接材料	直接人工	制造费用	合计
月	日						
		01		163034.28			163034.28
		02			82232.64		82232.64
		03				12722.56	12722.56
		09				63773.76	63773.76
			合计	163034.28	82232.64	76496.32	321763.24

表 3-15　产品成本明细账

产品名称：烧嘴浇注料　　　　　产量：300 吨

2013 年 7 月　　　　　　　　　　　　单位：元

2013 年		凭证号数	摘　要	直接材料	直接人工	制造费用	合计
月	日						
		01		1225405.72			1225405.72
		02			65957.36		65957.36
		03				10477.44	10477.44
		09				51151.84	51151.84
			合计	1225405.72	65957.36	61629.28	1352992.36

表 3-16 完工产品成本汇总表

2013 年 7 月 　　　　　　　　　　　　　　　　　　单位：元

产品	产量（吨）	完工产品总成本				完工产品单位成本
		直接材料	直接人工	制造费用	合计	
高炉灌浆料	400	163034.28	82232.64	76496.32	321763.24	804.41
烧嘴浇注料	300	1225405.72	65957.36	61629.28	1352992.36	4509.97
合　计	700				1674755.60	

会计分录（10 号凭证）

借：库存商品——高炉灌浆料　　　　　　　　　321763.24

　　　　　　　——烧嘴浇注料　　　　　　　　1352992.36

　贷：生产成本——基本生产成本——高炉灌浆料　321763.24

　　　　　　　　　　　　　　——烧嘴浇注料　1352992.36

二、综合实训参考答案

　　注：虽然开设总账和明细账的工作是进行成本核算的起点，但真正核算费用一般是从要素费用开始，因此下述参考答案的顺序从材料费用的核算开始，与成本核算程序保持一致，而与表格在教材中出现的顺序不尽相同。

表5-25　辅助材料费用分配表-1

车间：纺纱车间（棉纱包装费）　　　2013年7月　　　　　　　　单位：元

产品名称	产量（吨）	单位消耗定额	定额费用	分配率	分配金额
甲棉纱	103.24	210	21680.4		4355.59
乙棉纱	83.96	200	16792		3372.41
合计			38472.4	0.2009	7728.00

提示：本表中分配出的数据填入表5-28中的纺纱车间的辅助材料栏。

表5-26　辅助材料费用分配表-2

车间：织布车间（棉布包装费）　　　2013年7月　　　　　　　　单位：元

产品名称	产量（百米）	单位消耗定额	定额费用	分配率	分配金额
甲棉布	6906.6	3.5	24173.10		19425.50
乙棉布	4932.4	4.2	20716.08		16646.50
合计			44889.18	0.8036	36072.00

表5-27　辅助材料费用分配表-3

车间：织布车间（浆料费）　　　2013年7月　　　　　　　　单位：元

产品名称	产量（百米）	单位消耗定额	定额费用	分配率	分配金额
甲棉布	6906.6	45	310797.00		8484.76
乙棉布	4932.4	60	295944.00		8099.24
合计			606741.00	0.0273	16584.00

提示：上述两表中分配出的数据要分别相加后，再计入表5-28中的织布车间的辅助材料栏。

表5-28　发出材料汇总表

荆门市众和纺织有限公司　　　　　　　2013 年 7 月　　　　　　　单位：元

应借科目			应贷科目：原材料			
			主要材料	辅助材料	其他材料	合计
基本生产成本	纺纱车间	甲棉纱	1364048	4355.59		1368403.59
		乙棉纱	1145868	3372.41		1149240.41
		小　计	2509916	7728.00		2517644.00
	织布车间	甲棉布		27910.26		27910.26
		乙棉布		24745.74		24745.74
		小　计		52656.00		52656.00
辅助生产成本	供电车间				1723.50	1723.50
	供气车间				2630.80	2630.80
	空调车间				1858.00	1858.00
	维修车间				4536.60	4536.60
	小　计				10748.90	10748.90
制造费用	纺纱车间				31188.00	31188.00
	织布车间				31426.00	31426.00
	小　计				62614.00	62614.00
合　　计			2509916	60384.00	73362.90	2643662.90

其中：1364048 = 35153.6×13.30+33674.8×13.30+33731.6×13.30（见表5-1、表5-2、表5-3）

1145868 = 32062.4×13.70+25775.2×13.70+25802.4×13.70（见表5-4、表5-5、表5-6）

27910.26 = 19425.50+8484.76（见表5-26、表5-27）

24745.74 = 16646.50+8099.24（见表5-26、表5-27）

分配材料费用会计分录（01 号凭证）

借：基本生产成本——纺纱车间——甲棉纱——主要材料　1364048.00

　　　　　　　　　　　　　　　　　——辅助材料　　　4355.59

　　　　　　　——纺纱车间——乙棉纱——主要材料　1145868.00

　　　　　　　　　　　　　　　　　——辅助材料　　　3372.41

　　　　　　　——织布车间——甲棉布——辅助材料　　27910.26

　　　　　　　——织布车间——乙棉布——辅助材料　　24745.74

　　　辅助生产成本——供电车间——材料费　　　　　　　1723.50

　　　　　　　　　——供气车间——材料费　　　　　　　2630.80

　　　　　　　　　——空调车间——材料费　　　　　　　1858.00

　　　　　　　　　——维修车间——材料费　　　　　　　4536.60

　　　制造费用——纺纱车间——机物料　　　　　　　　31188.00

　　　　　　　——织布车间——机物料　　　　　　　　31426.00

　　　贷：原材料——主要材料——原棉　　　　　　　　2509916.00

　　　　　　　　——辅助材料　　　　　　　　　　　　60384.00

　　　　　　　　——其他材料　　　　　　　　　　　　73362.90

　　［提示：以此会计分录作为记账凭证进行登账，据教材要求，只需登记"基本生产成本"、"辅助生产成本"、"制造费用"总分类账及明细分类账。］

表 5-32　纺纱车间个人产量记录及计件工资计算表

2013 年 7 月　　　　　　　　　　　　　　单位：元

姓名	甲棉纱			乙棉纱			计件工资合计
	产量（千克）	单价（元/千克）	计件工资小计	产量（千克）	单价（元/千克）	计件工资小计	
杨小红	1000	0.85	850.00	850	1.10	935	1785.00
李佳	1200	0.85	1020.00	900	1.10	990	2010.00
郑薇	950	0.85	807.50	920	1.10	1012	1819.50
……	……	0.85	……	……	1.10	……	……
合计		0.85			1.10		

表5-36　纺纱车间工资结算单

2013年7月

单位：元

姓名	基准工资 (1)	考核工资 (2)	厂龄工资 (3)	加班工资 (4)	中班补助 (5)	夜班补助 (6)	交通补贴 (7)	考核加(扣)款 (8)	应付工资 (9)	房租 (10)	水费 (11)	电费 (12)	养老保险 (13) 8%	医疗保险 (14) 2%	公积金 (15) 8%	个税 (16)	实发工资 (17)
王雪芬	280.00	3000.00	1000.00	150.00			50.00		4480.00				358.40	89.60	358.40	5.21	3668.39
张悦	280.00	2200.00	600.00	100.00	24.00	40.00	50.00	-230.00	3064.00	20.00	6.50	20.00	245.12	61.28	245.12		2465.98
周舟	280.00	1600.00	400.00	150.00	24.00	40.00	50.00	-123.64	2420.36	15.00	5.00	25.00	193.63	48.41	193.63		1939.69
杨小红	280.00	1785.00	250.00	150.00	27.00	48.00	50.00	-40.00	2550.00	15.00	5.00	25.00	204.00	51.00	204.00		2046.00
李佳	280.00	2010.00	150.00	200.00	27.00	48.00	50.00	-60.00	2705.00		17.50	128.00	216.40	54.10	216.40		2072.60
郑薇	280.00	1819.50	200.00	150.00	24.00	40.00	50.00	-91.82	2471.68	20.00	6.50	20.00	197.73	49.43	197.73		1980.29
……																	……
合计	92400	616700	11040	5250	5360	6260	16500	-16260	737250	6800	3620	19260	58980	14745	58980	120	574745

其中：张悦考核扣款=病假2天+劳动纪律扣款=(2/22)×2200+30=230（元）

周舟考核扣款=事假1天+统计扣款=1/22×(280+1600+400)+20=123.64（元）

李佳考核扣款=产品质量扣款+生产操作扣款=20+40=60（元）　病假不扣款

郑薇考核扣款=事假1天+产品质量扣款+生产操作扣款=1/22×(280+200)+30+40=91.82（元）

王雪芬个税=(4480-3500-358.4-89.6-358.4)×3%=5.21（元）

表 5-38　职工薪酬总额计算表

2013 年 7 月

单位：元

部门	人员类别	工资总额	福利费计提额 职工福利费(10%)	医疗保险费(6%)	养老保险费(18%)	失业保险费(1.5%)	工伤保险费(0.5%)	生育保险费(0.8%)	住房公积金(8%)	工会经费(2%)	职工教育经费(1.5%)	险费小计	职工薪酬合计
纺纱车间	生产工人	645900	略										957869.70
	管理人员	91350											135472.05
	小计	737250											1093341.75
织布车间	生产工人	517750											767823.25
	管理人员	73080											108377.64
	小计	590830											876200.89
辅助生产车间	供电车间	27120											40218.96
	供气车间	17920											26575.36
	空调车间	9230											13688.09
	维修车间	33920											50303.36
	小计	88190											130785.77
专门机构销售人员		136800											202874.40
行政管理人员		196520											291439.16
合计		1749590	174959	104975.4	314926.2	26243.85	8747.95	13996.72	139967.2	34991.8	26243.85	845051.97	2594641.97

表 5-39 职工薪酬费用分配表

2013 年 7 月 单位：元

应借科目			成本项目	直接计入	分配计入			合计
					定额费用	分配率	分配金额	
基本生产成本	纺纱车间	甲棉纱	直接人工		201318.00		580619.27	580619.27
		乙棉纱	直接人工		130977.60		377550.43	377550.43
		小　计			332295.60	2.8826	957869.70	957869.70
	织布车间	甲棉布	直接人工		621594.00		254107.63	254107.63
		乙棉布	直接人工		591888.00		513715.62	513715.62
		小　计			1878073.20	0.4088	767823.25	767823.25
辅助生产成本	供电车间		职工薪酬	40218.96				40218.96
	供气车间		职工薪酬	26575.36				26575.36
	空调车间		职工薪酬	13688.09				13688.09
	维修车间		职工薪酬	50303.36				50303.36
	小　计			130785.77				130785.77
制造费用	纺纱车间		职工薪酬	135472.05				135472.05
	织布车间		职工薪酬	108377.64				108377.64
	小　计			243849.69				243849.69
销售费用			职工薪酬	202874.40				202874.40
管理费用			职工薪酬	291439.16				291439.16
合　计				868949.02			1725692.95	2594641.97

分配职工薪酬费用会计分录（02 号凭证）

  借：基本生产成本——纺纱车间——甲棉纱 580619. 27

        ——纺纱车间——乙棉纱 377550. 43

        ——织布车间——甲棉布 254107. 63

        ——织布车间——乙棉布 513715. 62

    辅助生产成本——供电车间——人工费 40218. 96

        ——供气车间——人工费 26575. 36

        ——空调车间——人工费 13688. 09

        ——维修车间——人工费 50303. 36

    制造费用——纺纱车间——职工薪酬 135472. 05

      ——织布车间——职工薪酬 108377. 64

    销售费用 202874. 40

    管理费用 291439. 16

    贷：应付职工薪酬——工资 1749590. 00

        ——职工福利 174959. 00

        ——社会保险费 468890. 12

        ——住房公积金 139967. 20

        ——工会经费 34991. 80

        ——职工教育经费 26243. 85

  ［提示：贷方明细科目数据来自于表 5-38。］

本月增加固定资产的会计分录（03 号凭证）

  借：固定资产 345000

    贷：银行存款 345000

本月减少固定资产的会计分录（04 号凭证）

借：固定资产清理　　　　　　　　　　　　16000

　　累计折旧　　　　　　　　　　　　　　242000

　　贷：固定资产　　　　　　　　　　　　　　258000

借：银行存款　　　　　　　　　　　　　　7000

　　贷：固定资产清理　　　　　　　　　　　　7000

借：营业外支出——处置非流动资产损失　　9000

　　贷：固定资产清理　　　　　　　　　　　　9000

表 5-52　固定资产折旧费用计提表

2013 年 7 月　　　　　　　　　　　　单位：元

使用部门	房屋建筑物（4‰）		机器设备（8‰）		其他设备（10‰）		折旧额 合计
	月初原值	折旧额	月初原值	折旧额	月初原值	折旧额	
纺纱车间	8281330	33125.32	12752850	102022.80	562340	5623.40	140771.52
织布车间	9536560	38146.24	12522560	100180.48	458750	4587.50	142914.22
供电车间	563960	2255.84	452360	3618.88			5874.72
供气车间	265850	1063.40	153240	1225.92			2289.32
空调车间	125450	501.80	156480	1251.84			1753.64
维修车间	526900	2107.60	286560	2292.48			4400.08
专设销售机构	458600	1834.40	468540	3748.32	51850	518.50	6101.22
行政管理部门	19858680	79434.72	5684900	45479.20	1236870	12368.70	137282.62
合　计	39617330	158469.32	32477490	259819.92	2309810	23098.10	441387.34

注：上月增减的固定资产才影响本月折旧额的计提。

表 5–53   固定资产折旧费用分配表

2013 年 7 月

应借科目	车间部门	本月固定资产折旧费
制造费用	纺纱车间	140771.52
	织布车间	142914.22
	小 计	283685.74
辅助生产成本	供电车间	5874.72
	供气车间	2289.32
	空调车间	1753.64
	维修车间	4400.08
	小 计	14317.76
销售费用	专设销售机构	6101.22
管理费用	行政管理部门	137282.62
合 计		441387.34

分配折旧费用的会计分录（05 号凭证）

借：制造费用——纺纱车间——折旧费　　　　140771.52

　　　　　　——织布车间——折旧费　　　　142914.22

　　辅助生产成本——供电车间——折旧费　　5874.72

　　　　　　——供气车间——折旧费　　　　2289.32

　　　　　　——空调车间——折旧费　　　　1753.64

　　　　　　——维修车间——折旧费　　　　4400.08

　　销售费用　　　　　　　　　　　　　　6101.22

　　管理费用　　　　　　　　　　　　　137282.62

　　贷：累计折旧　　　　　　　　　　　　441387.34

预付保险费会计分录（06 号凭证）

　　借：预付账款——预付保险费　　　　　　　　12350

　　　　贷：银行存款　　　　　　　　　　　　　　　12350

本月摊销保险费会计分录（07 号凭证）

　　借：制造费用——纺纱车间——保险费　473.33（5680/12）

　　　　　　——织布车间——保险费　555.84（6670/12）

　　　　贷：预付账款——预付保险费　1029.17（12350/12）

支付业务招待费会计分录（08 号凭证）

　　借：管理费用　　　　　　　　　　　　　　　　3500

　　　　制造费用——纺纱车间——招待费　　　　　3000

　　　　　　——织布车间——招待费　　　　　　　2000

　　　　辅助生产成本——供电车间　　　　　　　　500

　　　　贷：银行存款　　　　　　　　　　　　　　9000

预付报纸订阅费会计分录（09 号凭证）

　　借：预付账款——预付报纸订阅费　　　　　　　13300

　　　　贷：库存现金　　　　　　　　　　　　　　　800

　　　　　　银行存款　　　　　　　　　　　　　　12500

本月摊销杂志订阅费会计分录（10 号凭证）

　　借：制造费用——纺纱车间——报纸订阅费　208.33（1250/6）

　　　　　　——织布车间——报纸订阅费　425（2550/6）

　　　　管理费用　　　　　　　　　　　　　　　　1583.34

　　　　贷：预付账款——预付保险费　2216.67（13300/6）

发放劳保用品会计分录（11 号凭证）

借：制造费用——纺纱车间——劳保费　　　　　　33000

　　　　——织布车间——劳保费　　　　　　26400

　　辅助生产成本——供电车间——劳保费　　　　1200

　　　　——供气车间——劳保费　　　　　　　800

　　　　——空调车间——劳保费　　　　　　　400

　　　　——维修车间——劳保费　　　　　　　1600

　　销售费用　　　　　　　　　　　　　　　　4800

　　管理费用　　　　　　　　　　　　　　　　6800

　　贷：周转材料——低值易耗品　　　　　　　　　75000

支付织布车间标识卡印刷费会计分录（12 号凭证）

借：制造费用——织布车间——印刷费　　　　　2600

　　应交税费——应交增值税（进项税额）　　　156

　　贷：银行存款　　　　　　　　　　　　　　　2756

支付纺纱车间办公用品费会计分录（13 号凭证）

借：制造费用——纺纱车间——办公费　　　　　308

　　贷：库存现金　　　　　　　　　　　　　　　308

支付水费会计分录（14 号凭证）

借：制造费用——纺纱车间——水费　　　　　　954

　　　　——织布车间——水费　　　　　　795

　　辅助生产成本——供电车间——水费　　　　318

　　　　——供气车间——水费　　　　　　212

　　　　——空调车间——水费　　　　　　106

　　　　——维修车间——水费　　　　　　636

　　管理费用　　　　　　　　　　　　　　　1007

　　贷：银行存款　　　　　　　　　　　　　　　4028

外购电力会计分录（15号凭证）

借：辅助生产成本——供电车间　　　　　　　　　48510

应交税费——应交增值税（进项税额）　　　8246.70

贷：银行存款　　　　　　　　　　　　　　　　56756.70

[提示：别忘记了增值税。]

外购蒸气会计分录（16号凭证）

借：辅助生产成本——供气车间　　　　　　　　　25650

应交税费——应交增值税（进项税额）　　　3334.50

贷：银行存款　　　　　　　　　　　　　　　　28984.50

[提示：别忘记了增值税。]

表5-19　辅助生产成本明细分类账-1

车间：供电车间　　　　　　　　　　　　　　　　　　　　　　单位：元

2013年		凭证号数	摘要	外购材料	其他材料	直接人工	制造费用	合计
月	日							
7	31	01	领用其他材料		1723.50			1723.50
		02	发生职工薪酬			40218.96		40218.96
		05	计提折旧费				5874.72	5874.72
		08	业务招待费				500.00	500.00
		11	发劳保品				1200.00	1200.00
		14	支付水费				318.00	318.00
		15	外购电力	48510.00				48510.00
			本月合计	48510.00	1723.50	40218.96	7892.72	98345.18
		17	结转辅助费用	48510.00	1723.50	40218.96	7892.72	98345.18

表5-20　辅助生产成本明细分类账-2

车间：供气车间　　　　　　　　　　　　　　　　　　　　　　　　　　单位：元

2013年		凭证号数	摘要	外购材料	其他材料	直接人工	制造费用	合计
月	日							
7	31	01	领用其他材料		2630.80			2630.80
		02	发生职工薪酬			26575.36		26575.36
		05	计提折旧费				2289.32	2289.32
		11	发劳保品				800.00	800.00
		14	支付水费				212.00	212.00
		16	外购蒸气	25650.00				25650.00
			合计	25650.00	2630.80	26575.36	3301.32	58157.48
		17	结转辅助费用	25650.00	2630.80	26575.36	3301.32	58157.48

表5-21　辅助生产成本明细分类账-3

车间：空调车间　　　　　　　　　　　　　　　　　　　　　　　　　　单位：元

2013年		凭证号数	摘要	外购材料	其他材料	直接人工	制造费用	合计
月	日							
7	31	01	领用其他材料		1858.00			1858.00
		02	职工薪酬			13688.09		13688.09
		05	计提折旧费				1753.64	1753.64
		11	发劳保品				400.00	400.00
		14	支付水费				106.00	106.00
			合计		1858.00	13688.09	2259.64	17805.73
		17	结转		1858.00	13688.09	2259.64	17805.73

表5-22 辅助生产成本明细分类账-4

车间：维修车间 单位：元

2013年 月	2013年 日	凭证号数	摘要	外购材料	其他材料	直接人工	制造费用	合计
7		01	领用其他材料		4536.60			4536.60
		02	职工薪酬			50303.36		50303.36
		05	计提折旧费				4400.08	4400.08
		11	发劳保品				1600.00	1600.00
		14	支付水费				636.00	636.00
			合计		4536.60	50303.36	6636.08	61476.04
		17	结转		4536.60	50303.36	6636.08	61476.04

表 5-59　辅助生产费用分配表

2013 年 7 月

单位：元

受益对象	产品劳务项目	供电（度）数量	供电 分配率	供电 金额	供气（吨）数量	供气 分配率	供气 金额	空调（工时）数量	空调 分配率	空调 金额	修理（工时）数量	修理 分配率	修理 金额	合计
辅助生产车间	供电车间													
	供气车间	580												
	空调车间	750												
	修理车间	2040												
基本生产车间	纺纱车间 产品生产	25480		32341.76							130			32341.76
	一般耗用	1700		2157.81	30		6121.84	740		8902.87	670		29632.36	46814.88
	织布车间 产品生产	22480		28533.86	180		36731.03							65264.89
	一般耗用	1870		2373.59	40		8162.45	740		8902.86	720		31843.68	51282.58
专设销售机构		1450		1840.49										1840.49
行政管理部门		24500		31097.67	35		7142.16							38239.83
合　计		80850	1.2693	98345.18	285	204.0613	58157.48	1480	12.0309	17805.73	1820	44.2274	61476.04	235784.43

表5-60　基本生产车间辅助生产费用分配表-1

车间：纺纱车间　　　　　　　　　　2013年7月　　　　　　　　　　单位：元

产品名称	产量（吨）	单位消耗定额	定额费用	分配率	应分配的费用
甲棉纱	103.24	3560	367534.4		18633.99
乙棉纱	83.96	3220	270351.2		13707.77
合计			637885.6	0.0507	32341.76

提示：应分配的费用总额32341.76元为表5-59中纺纱车间产品共同耗用的辅助生产费用合计数。

表5-61　基本生产车间辅助生产费用分配表-2

车间：织布车间　　　　　　　　　　2013年7月　　　　　　　　　　单位：元

产品名称	产量（百米）	单位消耗定额	定额费用	分配率	分配金额
甲棉布	6906.6	120	828792		34477.75
乙棉布	4932.4	150	739860		30787.14
合计			1568652	0.0416	65264.89

提示：应分配的费用总额65264.89元为表5-59中织布车间产品共同耗用的辅助生产费用合计数。

分配辅助生产费用会计分录（17号凭证）

　　借：基本生产成本——纺纱车间——甲棉纱　　　　18633.99
　　　　　　　　　　——纺纱车间——乙棉纱　　　　13707.77
　　　　　　　　　　——织布车间——甲棉布　　　　34477.75
　　　　　　　　　　——织布车间——乙棉布　　　　30787.14
　　　　制造费用——纺纱车间　　　　　　　　　　46814.88
　　　　　　　——织布车间　　　　　　　　　　51282.58
　　　　销售费用　　　　　　　　　　　　　　　　1840.49
　　　　管理费用　　　　　　　　　　　　　　　　38239.83
　　贷：辅助生产成本——供电车间　　　　　　　　98345.18
　　　　　　　　　　——供气车间　　　　　　　58157.48
　　　　　　　　　　——空调车间　　　　　　　17805.73
　　　　　　　　　　——维修车间　　　　　　　61476.04

表5-23　制造费用明细分类账-1

车间：纺纱车间　　　　　　　　　　　　　　　　　　　　　　　　　　　　　　单位：元

2013年 月	日	凭证号数	摘要	机物料消耗	职工薪酬	折旧费	保险费	办公费	劳保费	水费	电费	蒸气费	空调费	修理费	其他	合计
7	31	01	机物料	31188												31188.00
		02	职工薪酬		135472.05											135472.05
		05	折旧费			140771.52										140771.52
		07	保险费				473.33									473.33
		08	业务招待费												3000	3000.00
		10	报刊订阅费												208.33	208.33
		11	劳保费						33000							33000.00
		13	办公用品费					308								308.00
		14	水费							954						954.00
		17	负担辅助生产费用								2157.81	6121.84	8902.87	29632.36		46814.88
		18	合计	31188	135472.05	140771.52	473.33	308	33000	954	2157.81	6121.84	8902.87	29632.36	3208.33	39219.11
			分配制造费用	31188	135472.05	140771.52	473.33	308	33000	954	2157.81	6121.84	8902.87	29632.36	3208.33	392190.11

表5-24　制造费用明细分类账-2

车间：织布车间　　　　　　　　　　　　　　　　　　　　　　　　　　单位：元

2013年 月	日	凭证号数	摘要	机物料消耗	职工薪酬	折旧费	保险费	办公费	劳保费	水费	电费	蒸气费	空调费	修理费	其他	合计
7	31	01	机物料	31426												31426.00
		02	职工薪酬		108377.64											108377.64
		05	折旧费			142914.22										142914.22
		07	保险费				555.84									555.84
		08	业务招待费												2000	2000.00
		10	报刊订阅费												425	425.00
		11	劳保费						26400							26400.00
		12	标识卡印刷费												2600	2600.00
		14	水费							795						795.00
		17	负担辅助生产费用								2373.59	8162.45	8902.86	31843.68		51282.58
			合计	31426	108377.64	142914.22	555.84		26400	795	2373.59	8162.45	8902.86	31843.68	5025	366776.28
		18	分配制造费用	31426	108377.64	142914.22	555.84		26400	795	2373.59	8162.45	8902.86	31843.68	5025	366776.28

表 5-14　总分类账-3

会计科目：制造费用　　　　　　　　　　　　　　　　　　　单位：元

2013 年 月	日	凭证号数	摘要	借方	贷方	借或贷	余额
7	31	01	机物料	62614.00		借	62614.00
	31	02	职工薪酬费	243849.69		借	306463.69
	31	05	折旧费	283685.74		借	590149.43
	31	07	保险费	1029.17		借	591178.6
	31	08	业务招待费	5000.00		借	596178.6
	31	10	报刊订阅费	633.33		借	596811.93
	31	11	劳保用品费	59400.00		借	656211.93
	31	12	标识卡印刷费	2600.00		借	658811.93
	31	13	办公用品费	308.00		借	659119.93
	31	14	水费	1749.00		借	660868.93
	31	17	负担辅助生产费用	98097.46		借	758966.39
	31	18	分配制造费用		758966.39	平	0

表 5-62　制造费用分配表-1

车间：纺纱车间　　　　　　　　　　　2013 年 7 月　　　　　　　　　　　单位：元

产品名称	产量（吨）	单位消耗定额	定额费用	分配率	分配金额
甲棉纱	103.24	4250	438770		243824.49
乙棉纱	83.96	3180	266992.8		148365.62
合计			705762.8	0.5557	392190.11

表5-63　制造费用分配表-2

车间：织布车间　　　　　　　　　2013 年 7 月　　　　　　　　　单位：元

产品名称	产量（百米）	单位消耗定额	定额费用	分配率	分配金额
甲棉布	6906.6	320	2210172		203335.82
乙棉布	4932.4	360	1775664		163440.46
合计			3985836	0.092	366776.28

分配制造费用会计分录（18 号凭证）

借：基本生产成本——纺纱车间——甲棉纱　　　243824.49

　　　　　　　　　——纺纱车间——乙棉纱　　　148365.62

　　　　　　　　　——织布车间——甲棉布　　　203335.82

　　　　　　　　　——织布车间——乙棉布　　　163440.46

　　贷：制造费用——纺纱车间　　　　　　　　　　392190.11

　　　　　　　　　——织布车间　　　　　　　　　　366776.28

表5-15　基本生产成本明细分类账-1

车间：纺纱车间　　　　　　　产品：甲棉纱　　　　　　　单位：元

2013 年 月	日	凭证号数	摘要	主要材料	辅助材料	直接人工	制造费用	合计
7	31		月初在产品成本	62440	6958.00	48703.00	13915.00	132016.00
	31	01	本月领用材料	1364048	4355.59			1368403.59
	31	02	本月职工薪酬			580619.27		580619.27
	31	17	负担辅助生产费用				18633.99	18633.99
	31	18	负担制造费用				243824.49	243824.49
	31		合计	1426488	11313.59	629322.27	276373.48	2343497.34
	31		完工产品产量（千克）	103240	103240	103240	103240	

续表

2013 年		凭证号数	摘要	主要材料	辅助材料	直接人工	制造费用	合计
月	日							
	31		月末在产品约当产量（千克）	8240	8240	4120	4120	
	31		约当总产量（千克）	111480	111480	107360	107360	
	31		费用分配率（元/千克）	12.7959	0.1015	5.8618	2.5743	
	31		完工产品成本	1321048.72	10478.86	605172.23	265770.73	2202470.54
	31		月末在产品成本	105439.28	834.73	24150.04	10602.75	141026.80
	31	19	结转完工产品成本	1321048.72	10478.86	605172.23	265770.73	2202470.54

提示：月末在产品产量＝8920＋102560−103240＝8240（千克）

期末在产品完工程度没有特别告知时，一般采用平均数即 50%，下同。

表 5-16　基本生产成本明细分类账-2

车间：纺纱车间　　　　　　　产品：乙棉纱　　　　　　　单位：元

2013 年		凭证号数	摘要	主要材料	辅助材料	直接人工	制造费用	合计
月	日							
7	31		月初在产品成本	53640.00	6032.00	42240.00	12073.00	113985.00
	31	01	本月领用材料	1145868.00	3372.41			1149240.41
	31	02	本月职工薪酬			377550.43		377550.43
	31	17	负担辅助生产费用				13707.77	13707.77
	31	18	负担制造费用				148365.62	148365.62
	31		合计	1199508.00	9404.41	419790.43	174146.39	1802849.23

续表

2013 年		凭证号数	摘要	主要材料	辅助材料	直接人工	制造费用	合计
月	日							
	31		完工产品产量（千克）	83960	83960	83960	83960	
	31		月末在产品约当产量（千克）	7130	7130	3565	3565	
	31		约当总产量（千克）	91090	91090	87525	87525	
	31		费用分配率（元/千克）	13.1684	0.1032	4.7962	1.9897	
	31		完工产品成本	1105618.86	8664.67	402688.95	167055.21	1684027.69
	31		月末在产品成本	93889.14	739.74	17101.48	7091.18	118821.54
	31	19	结转完工产品成本	1105618.86	8664.67	402688.95	167055.21	1684027.69

提示：月末在产品产量=7450+83640−83960=7130（千克）。

表5-64　自制半成品（产成品）入库单

存放地点：东1仓库　　　　　　　2013 年 7 月　　　　　　　单位：元

生产车间	产品名称	入库数量（千克）	单位成本	总成本
纺纱车间	甲棉纱	103240	21.33	2202470.54
	乙棉纱	83960	20.06	1684027.69
合　计				3886498.23

自制半成品（棉纱）入库会计分录（19 号凭证）

　　借：自制半成品——甲棉纱　　　　　　2202470.54

　　　　　　　　　　——乙棉纱　　　　　　1684027.69

　　　贷：基本生产成本——纺纱车间——甲棉纱　　2202470.54

　　　　　　　　　　　　　　　　——乙棉纱　　1684027.69

表 5–65　自制半成品明细账

产品：甲棉纱　　　　　　　　　　　2013 年 7 月　　　　　　　　　　　单位：元

2013 年		凭证号数	摘要	收入		发出		结存	
月	日			数量（千克）	金额	数量（千克）	金额	数量（千克）	金额
		略	月初余额					67120	1328976.00
			本月入库	103240	2202470.54				
			甲棉布领用			59220			
			乙棉布领用			63530			
			本月合计	103240	2202470.54	122750	2544521.58	47610	986924.96

提示：甲棉纱加权平均单价=（1328976+2202470.54）/（67120+103240）=20.7293（元/千克）

　　　发出甲棉纱金额=122750×20.7293=2544521.58（元）

　　　其中甲棉布耗用甲棉纱 59220×20.7293=1227589.15（元）

　　　乙棉布耗用甲棉纱 63530×20.7293=1316932.43（元）。

表 5–66　自制半成品明细账

产品：乙棉纱　　　　　　　　　　　2013 年 7 月　　　　　　　　　　　单位：元

2013 年		凭证号数	摘要	收入		发出		结存	
月	日			数量（千克）	金额	数量（千克）	金额	数量（千克）	金额
		略	月初余额					71980	1338828.00
			本月入库	83960	1684027.69				
			甲棉布领用			78420			
			乙棉布领用			59550			
			本月合计	83960	1684027.69	137970	2674507.06	17970	348348.63

提示：乙棉纱加权平均单价=（1338828+1684027.69）/（71980+83960）=19.3847（元/千克）

　　　发出乙棉纱金额=137970×19.3847=2674507.06（元）

　　　其中甲棉布耗用乙棉纱 78420×19.3847=1520148.17（元）

　　　乙棉布耗用乙棉纱 59550×19.3847=1154358.89（元）。

表 5-67 领用自制半成品汇总表

生产车间：织布车间　　　　　　　　2013 年 7 月　　　　　　　　单位：元

半成品＼产品	甲棉纱			乙棉纱			合计	
	数量（千克）	单位成本	金额	数量（千克）	单位成本	金额	数量（千克）	金额
甲棉布	59220	20.7293	1227589.15	78420	19.3847	1520148.17	137640	2747737.32
乙棉布	63530	20.7293	1316932.43	59550	19.3847	1154358.89	123080	2471291.32
合计	122750	20.7293	2544521.58	137970	19.3847	2674507.06	260720	5219028.64

领用棉纱会计分录（20 号凭证）

借：基本生产成本——织布车间——甲棉布　　2747737.32

　　　　　　　——织布车间——乙棉布　　2471291.32

　　贷：自制半成品——甲棉纱　　　　　　　　2544521.58

　　　　　　　——乙棉纱　　　　　　　　　　2674507.06

表 5-17 基本生产成本明细分类账-3

车间：织布车间　　　　　　　产品：甲棉布　　　　　　　单位：元

2013 年 月	日	凭证号数	摘要	自制半成品	辅助材料	直接人工	制造费用	合计
7	1		月初在产品成本	133080.00	9678.00	77428.00	21778.00	241964.00
7	31	01	本月领用材料		27910.26			27910.26
	31	02	本月职工薪酬			254107.63		254107.63
	31	17	负担辅助生产费用				34477.75	34477.75
	31	18	负担制造费用				203335.82	203335.82
	31	20	领用自制半成品	2747737.32				2747737.32
	31		合计	2880817.32	37588.26	331535.63	259591.57	3509532.78

续表

2013 年		凭证号数	摘要	自制半成品	辅助材料	直接人工	制造费用	合计
月	日							
	31		完工产品产量（千克）	139040	139040	139040	139040	
	31		月末在产品约当产量（千克）	8640	8640	4320	4320	
	31		约当总产量（千克）	147680	147680	143360	143360	
	31		费用分配率（元/千克）	19.5072	0.2545	2.3126	1.8108	
	31		完工产品成本	2712281.09	35385.68	321543.90	251773.63	3320984.30
	31		月末在产品成本	168536.23	2202.58	9991.73	7817.94	188548.48
	31	21	结转完工产品成本	2712281.09	35385.68	321543.90	251773.63	3320984.30

提示：月末在产品产量 = 10040+137640－139040 = 8640（千克）。

表 5-18　基本生产成本明细分类账-4

车间：织布车间　　　　　　　产品：乙棉布　　　　　　　单位：元

2013 年		凭证号数	摘要	自制半成品	辅助材料	直接人工	制造费用	合计
月	日							
7	1		月初在产品成本	127550.00	9276.00	37104.00	57972.00	231902.00
7	31	01	本月领用材料		24745.74			24745.74
	31	02	本月职工薪酬			513715.62		513715.62
	31	17	负担辅助生产费用				30787.14	30787.14
	31	18	负担制造费用				163440.46	163440.46
	31	20	领用自制半成品	2471291.32				2471291.32
	31		合计	2598841.32	34021.74	550819.62	252199.60	3435882.28

续表

2013 年		凭证号数	摘要	自制半成品	辅助材料	直接人工	制造费用	合计
月	日							
	31		完工产品产量（千克）	124320	124320	124320	124320	
	31		月末在产品约当产量（千克）	7890	7890	3945	3945	
	31		约当总产量（千克）	132210	132210	128265	128265	
	31		费用分配率（元/千克）	19.6569	0.2573	4.2944	1.9962	
	31		完工产品成本	2443745.81	31987.54	533879.81	248167.58	3257780.74
	31		月末在产品成本	155095.51	2034.20	16939.81	4032.02	178101.54
	31		结转完工产品成本	2443745.81	31987.54	533879.81	248167.58	3257780.74

提示：月末在产品产量＝9130＋123080－124320＝7890（千克）。

表 5-68 产成品入库单

存放地点：西 1 仓库 　　　　　　2013 年 7 月 　　　　　　单位：元

生产车间	产品名称	入库数量（百米）	单位成本	总成本
织布车间	甲棉布	6906.6	480.84	3320984.30
	乙棉布	4932.4	660.49	3257780.74
合 计				6578765.04

产成品入库会计分录（21 号凭证）

　　借：库存商品——甲棉布　　　　　　　　3320984.30

　　　　　　　　——乙棉布　　　　　　　　3257780.74

　　　贷：基本生产成本——织布车间——甲棉布　　3320984.30

　　　　　　　　——织布车间——乙棉布　　3257780.74

表 5-12　总分类账-1

会计科目：基本生产成本　　　　　　　　　　　　　　　　　　　　　单位：元

2013 年		凭证号数	摘要	借方	贷方	借或贷	余额
月	日						
7	1		月初在产品成本	719867.00		借	719867.00
	31	01	本月领用材料	2570300.00		借	3290167.00
	31	02	本月职工薪酬	1725992.95		借	5016159.95
	31	17	负担辅助生产费用	97606.65		借	5113766.60
	31	18	负担制造费用	758966.39		借	5872732.99
	31	19	结转半成品成本		3886498.23	借	1986234.76
	31	20	领用自制半成品	5219028.64		借	7205263.40
	31	21	结转完工产品成本		6578765.04	借	626498.36

附 录

一、棉纱生产工艺释义

原棉选配：把原棉按长度、细度、强力等纤维性能以及产地、批号等，依纺纱要求进行选配，目的是合理利用原料，稳定质量，降低成本。

清棉：把原料按选配的比例从棉包中抓取出来，混和均匀，开松成小棉块和小棉束，除去部分杂质和疵点，然后集合成一定宽度、厚度或重量的棉层，卷绕成棉卷。开清棉是用开清棉联合机的一系列机械来完成的，清棉机可安装成卷装置以制成棉卷供应梳棉机；也可不装成卷装置，直接以散状纤维块、纤维束用管道气流输送并分配给若干台梳棉机。

梳棉：梳棉机把纤维块或纤维束用针齿表面分梳成为单纤维状态，同时除去较细小的或黏附在纤维上的杂质和疵点，也除去一部分短绒，最后制成棉条输出。梳棉机输出的棉条，俗称生条，有规律地堆放在条筒中。生条中含有不超过0.1%的极少量杂质，纤维大部分呈弯钩状。

精梳：把20根左右生条经牵伸、并合制成小棉卷，再把小棉卷喂入精梳机，利用不同的针排分别对纤维的两端进行梳理，斜去短纤维和杂质，制成精梳棉条。经过精梳的棉条，纤维整齐度和洁净度好，能纺制品质良好、号数较细的精梳棉纱。

并条：为了纺制均匀且强力较高的细纱，把6~8根棉条并列喂入并条机，经牵伸把棉条拉细并汇集成一根棉条，圈入条筒。棉条的并合使条干和结构都获得改善，制成更均匀的棉条。在牵伸过程中利用纤维间的摩擦力使纤维伸直平行，尤其要使梳棉棉条中的弯钩状纤维伸直平行。并条制得的棉条俗称熟条，其粗细与生条相似，但结构有差异。由于并条时将几根棉条并列喂入，所以有混和作用。

粗纱：把熟条牵伸拉细，加以合适的拈回，使须条稍为拈紧，绕在筒管上制成粗纱，以供细纱机纺纱用。

细纱：把喂入的粗纱拉细成所需细度的须条，然后加拈、卷绕成细纱。细纱的强力、光泽等物理机械性质应符合以后加工和产品的要求。

络筒：将管纱（线）卷绕成容量大、成型好并具有一定密度的筒子。

整经：根据工艺设计的规定，将一定根数和长度的经纱，从络纱筒子上引出，组成一幅纱片，使经纱具有均匀的张力，相互平行地紧密绕在整经轴上，为形成织轴做好初步准备。

浆纱：经纱在织机上织造时，要受到综、筘、停经片等的反复摩擦作用和开口时大小不断变化着的张力作用，会引起经纱断头。为了减少织机上的断头率，经纱要经过上浆工程，使经纱具有较大的光滑度，坚牢度，上浆的过程就是几个经轴上的经纱并成一片，使其通过浆液，然后经过压榨、烘干、卷绕成织轴。

穿经：穿经俗称穿筘或穿头，是经纱准备工程中的最后一道工序。穿经的任务就是根据织物的要求将织轴上的经纱按一定的规律穿过停经片、综丝和筘，以便织造时形成梭口，引入纬纱织成所需的织物，这样在经纱断头时能及时停车不致造成织疵。

二、个人所得税的计算

个人所得税的计算公式：

应纳税＝（本月收入总额－个人所得税起征额－法定税前扣除金额）×
税率－速算扣除数

个人所得税率表

级数	全月应纳税所得额	税率（%）	速算扣除数
1	不超过 1500 元的部分	3	0
2	超过 1500 元至 4500 元的部分	10	105
3	超过 4500 元至 9000 元的部分	20	555
4	超过 9000 元至 35000 元的部分	25	1005
5	超过 35000 元至 55000 元的部分	30	2755
6	超过 55000 元至 80000 元的部分	35	5505
7	超过 80000 元的部分	45	13505

说明：1. 法定税前扣除项目是指根据有关国家法律法规规定允许税前扣除的个人部分，如个人住房公积金个人缴款部分、医疗保险个人缴款部分、失业保险个人缴款部分等。

2. 个人所得税免征额为 3500 元（2011 年 9 月 1 日起正式执行）。

参考书目

［1］吴炳年，郑伦卉. 成本会计学. 上海：立信会计出版社，2008.

［2］姜海华，蒋明东. 成本会计实训. 上海：华中科技大学出版社，2007.

［3］贺英莲. 成本会计实训教程. 北京：北京大学出版社，中国农业大学出版社，2008.

［4］黄明，郭大伟. 企业会计模拟实训教程. 大连：东北财经大学出版社，2004.